Ansgar Stüfe

# Der kleine Mönch und das große Glück

Die Geschichte des kleinen Mönchs
wird erzählt von Matthias E. Gahr

Ansgar Stüfe

# Der kleine Mönch und das große Glück

Vier-Türme-Verlag

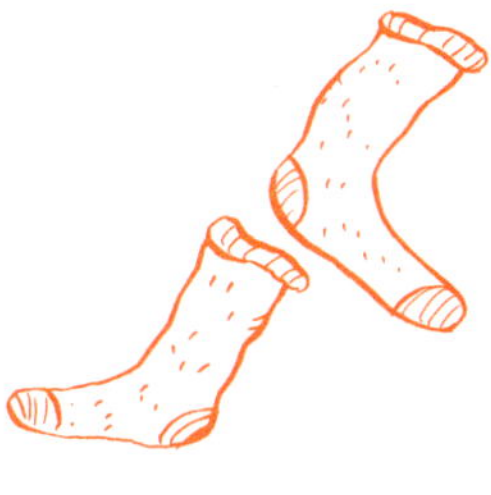

Trübsinnig blickte der kleine Mönch aus dem kleinen Fenster seiner Klosterzelle. Soweit man sehen konnte, war der Himmel grau. Obwohl er schon die dicken Socken angezogen hatte, fröstelte ihn. Die Glocke läutete zum Stundengebet, und mit hängenden Schultern machte sich der kleine Mönch auf den Weg in die Kirche.

Am Ende des Ganges kam ein Mitbruder aus seiner Zelle. »Guten Morgen«, grüßte er fröhlich.

»Hmnja, ’n Morgen«, nuschelte der kleine Mönch in seinen nicht vorhandenen Bart.

»Wohl noch nicht ganz wach heute, was?«, fragte der Mitbruder gut gelaunt. Der kleine Mönch schaute auf und sah verdrossen durchs Fenster.

»Ach, es ist alles so grau heute und so trübes Wetter«, erwiderte er.

»Na, komm schon«, versuchte ihn der Mitbruder aufzuheitern: »Gib dem Tag eine Chance! Ist der Himmel grau, nimmt die Sonne doch bloß einen neuen Anlauf!« Der kleine Mönch seufzte nur.

Im Morgengebet stimmten die Vorsänger Psalm 128 an. Der kleine Mönch sang leise mit: »Du sollst dein Leben lang das Glück Jerusalems schauen.«

Da dachte er an den grauen Himmel vor seinem Fenster: »Das Glück Jerusalems, was für ein großes Glück das sein muss – naja, aber sicher nicht bei so einem Wetter ...«

Mit solchen Gedanken ging er nach dem Gebet zum Frühstück. Ausgerechnet heute, an einem Samstag, wo er nicht arbeiten musste, war so schlechtes Wetter! Das machte den kleinen Mönch fast schon wütend.

## Nebel im Kopf

Der Morgen des kleinen Mönchs war von Grautönen geprägt. Alle Farben waren hinter einem Vorhang verschwunden: Die Wolken am Himmel waren grau, die Wände seiner Mönchszelle waren grau und die Augen seines Herzens sahen nur noch grauen Nebel. Dieser Nebel war an diesem Morgen undurchdringlich. Weder die freundliche Ansprache eines Mitbruders drang zu ihm durch noch erreichte das Wort Gottes im Gebet sein Herz.

Solche Stimmungen treffen auch uns immer wieder. Niemand bleibt davon verschont. An solchen Tagen haben wir das Gefühl, wir seien von jedem Glück verlassen. Vielleicht sogar, als gäbe es gar kein Glück mehr für uns. Niemand wird sagen können, dass er solche Tage liebt und sie zu seinem Leben gehören wie eine Feier oder Fest. Gewöhnlich möchten wir solche Stimmungen so schnell wie möglich ins Gegenteil verkehren und von Herzen wieder glücklich sein.

Was hat es nun mit diesen trübsinnigen Tagen auf sich? Woher kommen sie, und lassen sie sich vielleicht vermeiden? Erstaunlich ist, dass weder Mitmenschen noch Gebet beim kleinen Mönch zu einer schnellen Auflichtung des Tages führten. Da scheint doch eine große Macht dahinterzustecken, die sich gar nicht so leicht hinter der grauen Nebelwand entdecken lässt. Versuchen wir also einen Blick hinter diese Wand zu werfen.

Meine Noviziatszeit liegt schon viele Jahrzehnte zurück. Dennoch sind mir einige Erfahrungen in tiefer Erinnerung geblieben. Bis zu diesem Noviziatsjahr war ich in der Ausbildung zum Arzt voll im Prüfungsstress. Danach wollte ich eine Karriere an der Universität starten. Genau in diesem Moment kamen mir Zweifel, ob das der richtige Weg für mich ist. Nach vielen inneren Kämpfen entschloss ich mich, den Versuch zu wagen, Mönch zu werden. Das erste Jahr im Noviziat war auch die erste Gelegenheit, bei der ich mir viel Zeit nehmen konnte, mich selbst kennenzulernen. Selbst wenn ich wieder ausgetreten wäre, hätten diese Erkenntnisse mein ganzes Leben nachgewirkt. Und so war es auch für mich als Mönch.

Zu diesen Erfahrungen gehörte eine zunächst einmal beunruhigende Entdeckung: Ich befand mich mitten im Noviziatsjahr. Inzwischen hatte ich mich an das klösterliche Leben gewöhnt. Die Probleme meines früheren Lebens waren schon weit weg. Nach und nach spürte ich innerlich eine friedliche Stimmung, Konflikte schienen weit weg. Eine Verantwortung hatte ich auch nicht zu tragen, wenn man davon absieht, dass ich beim Fensterputzen für die Durchsichtigkeit des Glases zuständig war.

Eines Morgens wachte ich auf und war in einer schrecklichen Stimmung. Ja, es schien mir, dass ein tiefes Unglück über mich hereingebrochen wäre. Mein ganzes Leben kam mir verfehlt vor, und alle meine Entscheidungen erschienen mir falsch. Ich hatte eine glänzende Stelle an einem Forschungsinstitut einfach aufgegeben, eine Freundschaft mit einer Frau beendet und war in ein Leben geraten, das ich eigentlich gar nicht führen wollte. Die langen Gänge in Münsterschwarzach kamen mit hässlich und abstoßend vor. Nichts konnte mich aufheitern. Schlimmer noch, ich interessierte mich nicht einmal für eine andere Lebensform. Ich wollte gar nicht austreten oder ein anderes Leben anfangen. Ich war einfach gelähmt, unglücklich und hoffnungslos.

Nach zwei, drei Tagen wurde es besser, und ich konnte langsam Distanz von der Stimmung erlangen. Das half mir, über diesen plötzlichen Stimmungsumschwung nachdenken zu können. Allerdings war ich nicht zu einem Gespräch bereit, sondern setzte mich allein mit mir selbst auseinander. Dabei fiel mir auf, dass es kein Ereignis gab, keinen »Trigger«, wie man heute sagt, der diese Stimmung ausgelöst hatte. Mitten im normalen geregelten Alltag war ich plötzlich unglücklich und schwermütig geworden. Es

war auch nicht das klösterliche Leben, das mit schwergefallen war, sondern ein grundsätzlicher Selbsthass, der plötzlich aus meinem Inneren emporgestiegen war. Später habe ich gelernt, dass solche Erlebnisse gerade dann auftreten, wenn der äußere Druck wegfällt. Daher können Menschen in solchen Perioden des Alleinseins auch Tiefenerfahrungen machen, die sonst nicht wahrnehmbar sind.

Ich stellte also fest, dass solche negativen Stimmungen schon in der Tiefe unserer Seele angelegt sind. Sie kommen unerwartet zur Wirkung, und wir können im Alltag schlecht einschätzen, was die Ursache ist. Wenn wie in meiner Noviziatssituation tatsächlich alle anderen Ursachen ausgeschlossen werden können, wird die Erkenntnis klarer. Im Alltag machen wir aber gewöhnlich kurz zuvor liegende Ereignisse für unsere Stimmungen verantwortlich. Zu unterscheiden, ob unsere jeweilige Stimmung nur eine gewöhnliche Schwankung unserer Seelentiefe ist oder eine äußere Ursache zugrunde liegt, hilft uns aber, mit solchen Stimmungen zurechtzukommen.

Die Erfahrung aus meiner Noviziatszeit brachte mir noch eine andere Erkenntnis: Diese Untergangsstimmung tauchte plötzlich auf, ohne eine erkennbare Ursache, verschwand aber genauso schnell wieder, ohne Folgen zu hinterlassen. Nach einer Woche konnte ich nur den Kopf schütteln, wenn ich daran dachte, wie es mir vor Kurzem noch gegangen war.

Dankbar stelle ich zudem fest, dass ich in dieser Situation keine Entscheidung treffen musste und auch nicht für andere Menschen verantwortlich war, die unter meiner Stimmung hätten leiden müssen.

Aus diesem Erlebnis lernte ich Maßgebliches. Wir alle müssen damit rechnen, durch unsere seelische Struktur ab und zu in eine depressive Stimmung zu geraten. Es scheint so zu sein, dass ein Gleichgewicht zwischen Glücksempfinden und Traurigkeit bestehen muss, weshalb sich beide Stimmungen abwechseln. Dazu müssen wir nicht viel tun. Im Gegenteil, in solchen Situationen sollten wir unsere Routine im Alltag fortsetzen und das Abklingen der schlechten Stimmung abwarten.

Das klingt jetzt recht einfach, als ob wir alle Probleme allein durch Abwarten lösen könnten. Natürlich werden solche Traurigkeitsphasen nicht nur durch biorhythmische Schwankungen verursacht, sondern haben oft auch ganz andere Ursachen. Möglicherweise sind diese sogar viel häufiger der Grund. Dann aber müssen wir uns um sie kümmern.

Zu den Ursachen von schlechten Stimmungen gibt es viel Literatur. Dem kleinen Mönch würde es ganz schwindelig werden, wenn er das alles lesen sollte. Das möchte ich auch keinem Leser zumuten. Es geht ja vor allem darum, eigene aktuelle Probleme zu erkennen, die dafür verantwortlich sind, dass wir uns so unglücklich fühlen.

Die meisten Menschen – hoffentlich alle – sehnen sich nach Erlebnissen, Erfahrungen oder Zuständen, von denen sie meinen, dass sie dadurch glücklich werden. Sehnsüchte sind Wünsche, die sich noch nicht erfüllt haben. Daher sehnen wir uns danach. Wir alle erinnern uns an die Sehnsucht nach Weihnachten als wir Kinder waren. Nicht nur die Geschenke, das ganze Fest weckte in uns die Vorstellung, wenigstens kurze Zeit völlig glücklich zu sein. Diese Sehnsucht nach innerem Glück ist eine typisch menschliche Eigenschaft. Sie setzt nämlich voraus, dass wir in unserer Fantasie von Dingen träumen können, die wir nicht haben und uns deshalb vorstellen müssen. Das Problem liegt dann darin, dass unsere Vorstellungen nicht unbedingt mit der Wirklichkeit übereinstimmen. Immer wieder kommen wir aber zu der Einsicht oder werden damit konfrontiert, dass wir von etwas geträumt haben, das unerreichbar ist. Dann drücken uns die unerfüllbaren Sehnsüchte nieder. Wir sind enttäuscht und übel gelaunt.

So erging es einer meiner Schwestern, als sie fünf Jahre alt war. Ihr größter Wunsch war ein Puppenwagen. Meine Eltern besorgten einen solchen, modern und schick, mit einer kleinen Puppe darin. Der Heilige Abend kam, und wir alle packten unser Geschenk aus. Um die Spannung nicht unerträglich werden zu lassen, begann die Jüngste. Als meine Schwester das große Paket auspackte und den Wagen sah, zeigte sie keinerlei Reaktion – kein Lächeln, keine Freude. Sie nahm den Wagen und schob ihn in die Ecke. Alle waren total verblüfft.

Nach einiger Zeit kam heraus, dass sie sich einen völlig anderen Puppenwagen vorgestellt hatte. Dieser kam ihr hässlich und zu klein vor. Vor allem die Räder waren zu klein ausgefallen. Sie war so von ihrer Enttäuschung erfüllt, dass die ganze Festfreude der Familie getrübt war. Die Bescherung kam schnell zu ihrem Ende, und jeder ging in sein Zimmer.

So ist das mit unserer Sehnsucht. Sie ist Teil unserer menschlichen Natur, aber auch Ursache für unser Unglücklichsein.

Sicher könnten viele ganz ähnliche Geschichten aus ihrer Familie oder von sich selbst erzählen. Dennoch ist es erstaunlich, wie sehr die Sehnsucht nach Glück unser Leben beherrscht. Im Religionsunterricht hatte unser Lehrer eine Erklärung parat: Diese Sehnsucht sei die Ursache dafür, dass wir uns nach Gott sehnen. Nur er kann das wirkliche Glück erlebbar machen. Es klang ein wenig nach einem Gottesbeweis: Da wir in unserem irdischen Leben kein »echtes« Glück erreichen können, muss es Gott geben. Sonst würde eine so tiefe Veranlagung des Menschen in die Leere laufen.

Für den gläubigen Christen ist tatsächlich nur in Gott das wirkliche Glück zu finden. In der Wirklichkeit unseres Alltags ist das aber nicht so einfach zu erleben. Der kleine Mönch spürte im Chorgebet eigentlich nichts, das ihn wieder glücklich machen konnte. Es hilft dann auch nicht wirklich weiter, wenn Religionslehrer erklären, dass dieses Glück in Fülle erst nach dem Tod erlebbar wird. Wer weiß das schon so genau? Das Streben nach Glück liegt also in jedem Menschen, aber nicht dessen Ziel. Kann es wirklich sein, dass wir erst warten müssen, bis wir gestorben sind, um echtes Glück zu erfahren?

Diese Ansicht war immer wieder einmal in kirchlichen Lehren dominant und ist es in gewissen Kreisen immer noch. Hier wird das menschliche Leben als ein langer Leidensweg gesehen. Im Marienhymnus »Salve Regina« wird die Welt als ein Tal der Tränen bezeichnet. Damit könnte man unsere depressiven Stimmungen, die an Verzweiflung grenzen, abschließend erklären: Das Leben ist nun einmal eine Aneinanderreihung von Sorgen und Nöten. Erst im Jenseits erfüllt sich unsere Sehnsucht nach Glück. Dazu gab es aber über die Jahrhunderte weg bereits Gegendarstellungen. Welche glücklichen Zustände versprachen sie?

Der englische Philosoph Jeremy Bentham (1748–1832) entwickelte eine Glückslehre ganz ohne Gott. Er erklärte, dass jedes Handeln, jede Entscheidung danach gemessen werden sollte, ob sie glücklich macht oder nicht. Er lehnte daher Verzicht und Askese rundheraus ab. Sie nützten niemandem, und man könne sehr gut ohne sie auskommen. Sinnvoll und moralisch richtig seien nur Handlungen, die zur Vermehrung des Glücks beitragen. Diese Lehre wird als Utilitarismus bezeichnet und wurde von Anfang an vor allem von den christlichen Kirchen scharf kritisiert. Eigentlich ging es Bentham nicht so sehr um individuelle Moral, sondern um die Art, wie Gesetze verfasst sein sollten. Gesetze sind seiner Meinung nach dazu da, dem Menschen nützlich zu sein. Gesetze sollen den

Weg zum Glück erleichtern und ermöglichen und nicht das Gegenteil bewirken. Das ist nun wirklich kein schlechter Grundsatz. Im Grunde genommen wird im heutigen demokratischen Rechtsstaat genau diese Forderung an die Gesetzgeber gestellt: Gesetze müssen das Leben der Gesellschaft erleichtern und möglich machen. Unser Miteinander muss durch Gesetze friedlich geordnet sein und zu mehr Freude führen. So abwegig sind also die Vorstellungen von Jeremy Bentham nicht. Geht man weiter auf die Suche nach Glücksversprechungen, kann man erstaunliche Entdeckungen machen.

So heißt es beispielsweise im Prolog der Regel Benedikts: »Wer ist der Mensch, der das Leben liebt und gute Tage zu sehen wünscht?« (RB Prol. 15). Weiter unten findet sich sozusagen die Antwort: »Wer aber im klösterlichen Leben und im Glauben fortschreitet, dem wir das Herz weit und er läuft in unsagbarem Glück der Liebe den Weg der Gebote Gottes« (RB Prol. 49). Benedikt behauptet also nichts weniger als das: Wenn ich mich ganz auf das klösterliche Leben einlasse, erlebe ich ein unsagbares Glück. Die Regel Benedikts ist eine Art Verfassung. Sie regelt das Zusammenleben einer Gruppe von Menschen, Frauen oder Männer. Im Grunde legt Benedikt die gleichen Grundsätze wie Bentham an. Die Einhaltung der Regel soll zu Glück führen, sonst ist sie nicht sinnvoll.

Mit noch viel stärkeren Worten findet sich das Glücksversprechen im Text der Unabhängigkeitserklärung der Vereinigten Staaten von Amerika. Da der Mensch ein Geschöpf Gottes ist, verpflichtet sich der neue Staat dazu, »das Leben, die Freiheit und das Streben nach Glück« (»Life, Liberty and pursuit of Happiness«) zu garantieren. Die Gründer hatten sich damals viel vorgenommen. Leben und Freiheit kann man sich als Aufgabe für den Staat gerade noch vorstellen, aber das Streben nach Glück der Bürgerinnen und Bürger zu garantieren, ist schon ein großes Versprechen. Genau da beginnt auch das Problem, denn was macht uns denn eigentlich glücklich? Was sind die Bedürfnisse, deren Erfüllung uns aufbauen und mit Zufriedenheit erfüllen? Darauf gibt es keine einfache Antwort. Im Gegenteil: Alle diese Aussagen lösen erst einmal Sehnsüchte aus.

Diese Sehnsüchte sind aber nicht klar definiert, sondern entstehen aus unserer Vorstellungskraft. Sie sind also nicht an die Wirklichkeit gebunden. Daher war meine Schwester an Weihnachten so enttäuscht und deshalb wurde der kleine Mönch auch nicht plötzlich wieder glücklich, weil er in das Chorgebet ging. Und auch die Menschen in den Vereinigten Staaten werden nicht glücklich, nur weil sie in einem Staat leben, der gegründet wurde, um ihnen Glück zu bringen.

Wir alle sind von der Sehnsucht nach Glück erfüllt, wissen aber oft nicht, welches Verhalten wirklich zu diesem Ziel führt. Sollen wir nun auf Benedikt vertrauen oder den Versprechen so vielfältiger anderer Glücksbringer? Wie in dem Beispiel aus meinem Noviziat hilft dabei oft die Selbstbeobachtung. Ich gestehe, dass ich ein gutes Essen in einem Restaurant sehr genießen kann. Ich bewundere die große Kochkunst und die Raffinesse des Geschmacks. Ich habe aber beobachtet, dass der Genuss schnell nachlässt, wenn ich zu oft und in zu kurzem Abstand Gelegenheit dazu habe. Lange Pausen dagegen erhöhen den Genuss. Das Gleiche gilt allgemein fürs Essen: Verzicht erhöht den Genuss, wenn es dann wieder etwas gibt.

Meine schwäbische Großmutter hat mir als kleinem Jungen folgende Geschichte erzählt:

Der schwäbische König war einmal auf Jagd gegangen. Dabei verlor er den Kontakt zur Jagdgesellschaft und verirrte sich. Er ritt durch den Wald und brauchte einige Stunden, bis er auf ein einsames Haus stieß. Darin lebe eine arme

Frau allein, die gerade ihren ärmlichen Hirsebrei kochte. Der König stieg vom Pferd. Er hatte großen Hunger und bat um etwas zu Essen. Die Frau gab ihm bereitwillig von ihrem Hirsebrei. Als der König gegessen hatte, sagte er mit leuchtenden Augen: »So gut habe ich in meinem ganzen Leben noch nicht gegessen.« Von dort fand er dann den Weg zurück in sein Schloss. Als er später sein gewöhnliches, reichhaltiges Essen am Hof bekam, schmeckte es ihm nicht mehr. Daher ließ er nach der alten Frau suchen. Als man sie gefunden hatte, bat er sie, ihm wieder das gleiche Gericht zuzubereiten. Doch er war maßlos enttäuscht – jetzt schmeckte es fade und war ihm fast zuwider. Er fragte die Frau, ob sie bei der Zubereitung etwas geändert habe. Sie versicherte ihm, dass es der gleiche Hirsebrei sei wie bei ihr zu Hause. Da rief der König verärgert: »Ja, warum hat es mir damals so gut geschmeckt?« Die Frau antwortete: »Herr König, damals hatten sie Hunger!«

Diese Geschichte ist einfach und teilt doch eine tiefe Wahrheit mit: Verzicht und Genuss gehören zusammen. Das wirkliche Glück hängt gerade nicht davon ab, alles zu bekommen, was wir uns wünschen, sondern davon, ob wir das rechte Maß zwischen Verzicht und Erfüllung finden. Der Verzicht ist geradezu lebensnotwendig. Es ist also eine widersprüchliche Situation: Manchmal hilft uns der Verzicht zur Zufriedenheit, manchmal der Genuss. Beides hängt miteinander zusammen. Das eine geht nur mit dem anderen. Wer immer hungert und nicht genug zu essen hat, geht zugrunde. Das kann nicht das Ziel sein. Ebenso führt aber der Weg ins Unglück, wenn wir alles, was wir gerade wünschen, auch bekommen. Daher hat Benedikt eben doch recht. Er verlangt nämlich das rechte Maß.

Wir fürchten aber den Verzicht, gerade weil wir Angst haben, dass er uns unglücklich macht. Sind wir also unglücklich wie der kleine Mönch, sollten wir uns fragen, welche ungestillten Sehnsüchte wir in uns tragen. Der nächste Schritt wäre, herauszufinden, ob die Erfüllung dieser Sehnsüchte uns eher helfen oder eher schaden würden. Ob es also eher darum geht, einen echten Hunger zu stillen – ob im wörtlichen Sinn oder in Bezug auf Dinge, die unsere Seele als Nahrung braucht –, oder ob wir längst satt sind und einfach immer mehr möchten, aber spüren, dass wir mit diesem Mehr den Hunger gar nicht stillen können.

Beide Ursachen kommen aus unserem Inneren. Aber es gibt auch äußere Ursachen, die ebenso wichtig sein können. Unerwartet werden wir beispielsweise mit Bemerkungen oder Anreden konfrontiert, die uns verletzen. Auch wenn es kurze Alltagsepisoden sind, können sie uns traurig machen, manchmal sogar für längere Zeit.

Ein Beispiel: Als ich in der siebten Klasse war, konnte ich mit elf Jahren meine eigene Leistungsfähigkeit nicht einschätzen. Unser Lateinlehrer mag ein guter Altphilologe gewesen sein, von Pädagogik verstand er nicht allzu viel. Zu Beginn des Schuljahrs schrieben wir unsere erste Klassenarbeit. Einige Tage später wurde sie mit den Noten wieder zurückgegeben. Unser Lehrer hatte die Gewohnheit, die Arbeit den Noten nach auszuteilen und dann mit einem Kommentar zu versehen. Er begann mit der schlechtesten Arbeit und hob die beste bis zum Schluss auf. Zuerst kam immer der Schüler Broßler. Alle warteten schon darauf, dass der Lehrer rief: »Broßler: sechs!« Dieses Mal fügte er noch hinzu: »Man könnte auch zwölf geben, so schlecht war die Arbeit.« Mir tat der Klassenkamerad immer sehr leid. Er verließ uns nach diesem Schuljahr und ich habe nie wieder von ihm gehört. Wie hat wohl diese häufige öffentliche Demütigung sein späteres Leben geprägt? Als dann die weiteren Noten alle aufgerufen waren, hatte der Lehrer meinen Namen immer noch nicht genannt. Ich kam aber gar nicht auf die Idee, zu den Besseren zu gehören, sondern dachte, dass ich noch viel schlechter als Broßler gewesen sei. »Bestimmt hebt der Lehrer meine Arbeit bis zum Schluss auf, um mich richtig fertig zu machen« – solche Gedankengänge eines kleinen Jungen zeigen schon die pädagogischen Früchte dieses Lehrers. Tatsächlich musste ich bis zum Schluss warten. Nun bekam ich zu hören: »Stüfe, da meint man, dass du nicht bis drei zählen kannst. Jetzt hast du die beste Arbeit der Klasse geschrieben!« Dieser Satz ist mir für immer im Gedächtnis geblieben. Die Note »sehr gut« und überhaupt der Beste der Klasse zu sein, hatte keinerlei Wirkung auf mich. Ich hörte nur den ersten Satz, dass ich nicht bis drei zählen könne. Das ging mit noch lange nach, sodass ich letztlich überrascht war, dass meine Abiturnote ausreichte, um ein Medizinstudium zu beginnen.

Harte Umgangsformen ersticken jedes Gefühl von Glück. Freude kommt trotz offensichtlichem Anlass schon gar nicht auf. Ich hatte mir damals vorgenommen, nie einen anderen Menschen derart zu verletzen. Als ich dann in Tansania die Leitung eines Krankenhauses übernommen hatte, war ich natürlich nicht mehr in der Situation des kleinen Schülers. Als Leiter musste ich den Betrieb erfolgreich führen und natürlich auch Korrekturen vornehmen. Das klappte nicht immer so, wie ich es beabsichtigt hatte. Wir hatten einen jungen Hilfsarzt eingestellt. Hilfsärzte bekommen eine zweijährige Ausbildung und sind eine wichtige Ergänzung zu den Medizinern, die es in Tansania nur in geringer Zahl gibt. Die Hilfsärzte sollen einfache Krankheiten erkennen können und auch die schweren Fälle, diese dann aber an einen Arzt weitergeben. In der Regel klappte das auch ganz gut. Als ich an einem Morgen Visite machte, stellte mir der junge, gerade eingestellte Assistent eine Frau vor. Er hatte sie am Vortag stationär aufgenommen. Sie habe Magenbeschwerden und er habe ihr Säureblocker verordnet. Ich schaute mir die Frau an und sah sofort, dass es ihr sehr schlecht ging. Bei der näheren Untersuchung erkannte ich, dass sie an ausgeprägtem Blutmangel litt. Bei der Untersuchung des Bauchs zeigte sich, dass sie nicht an Magen-, sondern Unterleibsschmerzen litt. Ich schickte sie sofort in die Abteilung für Frauenheilkunde, wo sie notfallmäßig operiert wurde. Sie hatte eine Eileiterschwangerschaft, wobei der Eileiter geplatzt war. Dadurch war sehr viel Blut in den Bauchraum gelaufen. Die Behandlung kam gerade noch rechtzeitig, und die Frau wurde gerettet.

Nun war die Frage, warum der Hilfsarzt diesen Fall nicht erkannt hatte. Einem Neuling dürfen natürlich Fehler unterlaufen. In der Gegend um das Krankenhaus waren die Frauen sehr scheu. Sie sprachen nie von Krankheiten oder Schmerzen im Unterleib. Daher war auch diese Frau vage in der Beschreibung ihrer Schmerzen geblieben und sprach vom Magen. Nur eine Untersuchung konnte zu Tage bringen, was wirklich den Beschwerden zugrundelag. Das machte aber deutlich, dass der Hilfsarzt die Frau gar nicht untersucht hatte. Daher war ich sehr aufgebracht und gab ihm zu verstehen, dass ein solcher Arbeitsstil bei uns nicht geduldet werde. Mein Fehler war, dass ich das noch auf der Station zu ihm sagte, sodass auch das andere Personal mithören konnte. Ich nahm an, dass diesen Vorgang sowieso jeder kannte. Er aber hatte erwartet, dass ich Korrekturen nur in einem geschlossenen Raum unter vier Augen anbringen werde. Er war so verärgert, dass er kündigte und das Krankenhaus verließ. Ich war bei meiner Kritik ganz auf das Schicksal der Patientin fokussiert und nicht in der Lage, auf die zarten Gefühle eines gesunden jungen Mannes Rücksicht zu nehmen. So war ich mit mehreren kulturellen Faktoren konfrontiert: Die Frau konnte sich aus Scham nicht genau ausdrücken und der einheimische Mitarbeiter versteckte dahinter seine Untätigkeit. Als Einheimischer hätte er wissen können, wie die Ausdrucksweise der Frau zu interpretieren war. Andererseits war es in diesem kulturellen Umfeld auch nicht üblich, öffentliche Kritik an Mitarbeitern zu üben. Wie kommt man in solchen Situationen zurecht?

In unserem kulturellen Umfeld hier in Deutschland wird oft Kritik geübt. Als ich meine Ausbildung in der Röntgenabteilung machte, hatte ich das Glück, eine kompetente und menschlich angenehme Chefin zu haben. Sie war aber eine äußerst exakte Ärztin, die ihr Wissen und Können auch ungeschmälert weitergab. Dazu bediente sie sich folgender Methode: Nach kurzer Einarbeitungszeit begann

ich langsam, selbstständig Beurteilungen von Röntgenaufnahmen schriftlich festzuhalten. Am Abend zeigte ich ihr die Bilder und las die Befunde dazu vor. Meine Chefin sagte mir dann, was falsch und was richtig war. Ausflüchte konnte ich keine vorbringen, weil alles schriftlich vorlag. Am Anfang empfand ich das als recht demütigend. Ich stellte mehr falsche Diagnosen als richtige. Erst nach Wochen besserte es sich, bis ich es dann ganz gut zustandebrachte. Noch heute bin ich für diese Schule dankbar. Im Rückblick sehe ich auch die Schulerfahrungen nicht mehr so negativ. Sie haben mich früh an Kritik gewöhnt, und so war ich in der Lage, auch später Kritik auszuhalten.

Kürzlich unterhielt ich mich mit meinen Schwestern über die Änderung in den Erziehungsmethoden. Eine Bemerkung, wie ich sie von meinem Lehrer vor fast sechzig Jahren zu hören bekam, wäre heute gar nicht mehr möglich. Kinder werden heute zart angefasst. Sie sollen eine glückliche Kindheit erleben und so selbstbewusst ihre Zukunft gestalten können. Als ich dann fragte, ob denn junge Menschen heutzutage besser mit dem Leben zurechtkämen als wir damals, bekam ich eine klare Antwort: »Überhaupt nicht. Die heutigen jungen Menschen sind oft so zart besaitet, dass ihnen der Berufsanfang extrem schwerfällt.«

Als ich dann in Tansania kürzlich genau zurückfragte, bekam ich die umgekehrte Antwort: Heute gehört dort Kritik zur Betriebsführung. Jeden Morgen werden bei der Besprechung ungelöste Fälle vorgestellt. Das Team ist dann aufgefordert, Kritik zu üben und Vorschläge zu machen. Schwächen in der Vorgehensweise werden allen offengelegt, damit jeder etwas lernen kann – auch der betroffene Kollege, obwohl er die öffentliche Kritik hinnehmen muss.

Schauen wir uns die verschiedenen Ursachen einer schlechten Stimmungslage an, so kann man eigentlich daraus nur schließen, dass sie zum Leben dazugehören. Stimmungen aus der Tiefe kommen und gehen. Wir müssen sie ertragen. Falsche und ungestillte Sehnsüchte können erkannt werden. Die mitmenschlichen Konflikte wären nur in der Einsamkeit zu vermeiden. Sie haben aber eine wichtige Funktion, ohne die innere Zufriedenheit und letztlich Glück nicht möglich wären.

Das war dem kleinen Mönch zunächst aber nicht klar. Er war schlechter Stimmung und sah keine Besserung. Da kamen ihm seine Mitbrüder zu Hilfe …

## Das Murren

Benedikt beschäftigt sich in seiner Regel ebenfalls mit der schlechten Laune. Ihm geht es aber vor allem um die Variante der grundlosen schlechten Laune, oder anders gesagt: das Murren. Dieses »Laster«, wie er es sogar nennt, ist ihm zwei Sätze in der insgesamt doch recht kurzen Regel wert, und er meint, dass es »niemals aufkommen« darf. Und falls einer der Mönche doch davon befallen wird, soll ihn eine »schärfere Strafe« treffen.

Benedikt geht es sicher nicht darum, seinen Mönchen zu verbieten, dass sie auch mal mit dem falschen Bein aufstehen und mürrisch sind oder einfach nicht besonders froh. Und sicher steht auch nicht dahinter, dass er Kritik unterdrücken möchte und die Mönche zwingt, alles toll zu finden im Kloster und wie es dort läuft. Es geht ihm eher darum, dass hinter dem Murren eine irgendwie diffuse Unzufriedenheit steht, die oft mehr mit den Menschen, die murren, zu tun hat als damit, dass tatsächlich irgendetwas im Argen liegt. Murrer stehen meist in der letzten Reihe und nicht in der ersten, wenn es um Diskussionen um das

Zusammenleben geht. Sie reden hinter dem Rücken der anderen, haben aber nie den Mut, das, was sie stört, laut zu sagen. Nicht selten deshalb, weil sie dann vielleicht Vorschläge machen müssten, wie sich etwas ändern könnte, damit sie zufrieden sind. Oder weil sie Angst haben, sich dann um das Problem kümmern zu müssen. In den meisten Fällen geht es den Murrern nämlich gar nicht darum, etwas zu ändern. Sie möchten nur unzufrieden sein, weil sie mit sich selbst unzufrieden sind. Das übertragen sie auf andere und sind dann unzufrieden mit der Gesamtsituation und denen, die in der Gemeinschaft Verantwortung übernehmen.

Gerade in einer Gemeinschaft oder am Arbeitsplatz kann jemand, der ständig murrt, ansteckender sein als eine Erkältung. Plötzlich entsteht so etwas wie ein Flurfunk, ein Gemurre, eine Unzufriedenheit, die aber nicht fassbar ist, weil niemand den Mut hat, etwas laut zu sagen und sich der Diskussion zu stellen. Aber dieses schlechte Gefühl, dass etwas nicht stimmt und sozusagen durch die Flure kriecht, bekommen alle zu spüren. Auf Dauer verdirbt es das Klima und das Miteinander. Und genau deshalb nennt Benedikt es ein Laster, das auf jeden Fall vermieden werden muss.

Murrer sind Menschen, die ihre Umgebung, aber auch ihr eigenes Leben immer durch eine ziemlich beschlagene und dunkle »Brille« betrachten: Alles scheint ihnen grau und neblig, die Welt konturlos und langweilig. An diesem Morgen hat wohl auch der kleine Mönch diese Brille aufgezogen. Aber im Gegensatz zu den Murrern ist er weiterhin offen und neugierig – und lässt sich von seinen Mitbrüdern auch überzeugen, dass es noch ganz andere »Brillen« gibt, mit denen man in den Tag schauen kann! Und darum geht es im nächsten Kapitel.

»Vor allem darf niemals das Laster des Murrens aufkommen, in keinem Wort und in keiner Andeutung, was auch immer als Anlass vorliegen mag.«

RB 34,6

»Wird einer dabei ertappt, treffe ihn eine schärfere Strafe.«

RB 34,7

»Wer ist der Mensch, der das Leben liebt und gute Tage zu sehen wünscht?«

RB Prol 15

»Wer aber im klösterlichen Leben und im Glauben fortschreitet, dem wird das Herz weit und er läuft in unsagbarem Glück der Liebe den Weg der Gebote Gottes.«

RB Prol 49

## Fragen

Bin ich oft schlechter Laune? Merke ich es überhaupt, dass ich schlecht gelaunt bin?

Wonach sehne ich mich? Wie wichtig sind diese Sehnsüchte für mich?

Warum war ich in meinem Leben manchmal sehr enttäuscht? Kann ich damit zurechtkommen oder plagen mich diese Stimmungen immer noch?

## Übung

Wenn du merkst, dass du schlecht gelaunt bist und der Tag irgendwie unfreundlich zu dir, nimm dir ganz bewusst fünf Minuten Zeit, suche dir einen Ort, an dem du allein bist und in Ruhe nachdenken kannst.

Überlege einmal: Was ist der wirkliche Grund für deine schlechte Laune? Gibt es etwas, das dich »zwickt« – ein Konflikt, der dich beschäftigt, ein praktisches Problem wie eine Mietnachzahlung oder die Waschmaschine, die den Geist aufgegeben hat, ein Satz, den jemand zu dir gesagt hat und der dich verletzt hat oder mit dem du dich getroffen fühlst? Sind es die Rückenschmerzen, die wieder aufgetaucht sind, oder das schlechte Wetter, obwohl du dir für heute Sonne gewünscht hättest?

Vielleicht liegt es aber auch einfach daran, dass du heute Morgen sozusagen die falsche Brille aufgesetzt hast, als du in den Tag gegangen bist. Die, die so beschlagen und verschmiert ist und dunkel, dass dir die Welt nur grau und hässlich erscheinen kann.

Wenn du dir darüber im Klaren bist, was der eigentliche Grund für deine schlechte Laune ist, ist es auch einfacher, dagegen etwas zu tun. Vielleicht gibt es nicht für alles gleich eine Lösung – die Waschmaschine wird Geld kosten und du wirst dich um eine neue kümmern müssen, was wohl etwas Zeit braucht. Aber manches wird sich lösen lassen, ohne dass du dir selbst weiter den Tag schlecht machst. Brilleputzen hilft zum Beispiel in den allermeisten Fällen!

»Na, immer noch so trübsinnig?«, fragte ihn der Mitbruder, als sie sich vor der Kirche wieder begegneten. Er überlegte kurz und zog den kleinen Mönch dann am Ärmel: »Komm mal mit, ich zeig dir etwas!«

Der kleine Mönch nickte und schlurfte dem Mitbruder hinterher. Sie kamen in den Kreuzgang, zum großen Wandmosaik, auf dem Maria mit dem Jesuskind dargestellt ist. Der kleine Mönch mochte es, denn es hatte leuchtende Farben, und bei seinem Anblick fühlte er sich immer ein wenig wie das Kind, das Maria mit ihren gütigen großen Augen liebevoll anschaut.

Unvermittelt blieb der Mitbruder stehen. Er winkte den kleinen Mönch zu sich heran, ganz nahe ans Mosaik.

»Siehst du diese Steinchen?«, fragte er. Der kleine Mönch trat näher heran, um zu sehen, auf was genau er zeigte. Die Steinchen waren schwarz und dunkel und nicht besonders farbenfroh.

»Und jetzt geh fünf Schritte zurück«, sagte der Mitbruder. Der kleine Mönch tat wie geheißen und war überrascht: Die kleinen, unscheinbaren Steinchen, auf die der Mitbruder immer noch zeigte, waren die freundlichen Augen Marias!

Der Mitbruder bemerkte seine Überraschung:

»Stell dir vor, es gäbe diese dunklen, unscheinbaren Steinchen nicht – dann würde das Wichtigste fehlen und das Bild wäre nicht komplett! Ist es nicht ein Glück, dass die Steinchen hier sind?«, fragte er ihn mit einem Lächeln.

Der kleine Mönch nickte staunend:
»Ja, da hast du Recht.«

## Das Große im Kleinen finden

Als ich vor vielen Jahren zum ersten Mal den Petersdom in Rom besuchte, war ich von der Größe und Ansammlung von Kunstwerken ganz überwältigt. Michelangelo und Bernini haben dort Meisterwerke hinterlassen, die selbst im Weltmaßstab unvergleichlich schön sind. Da fällt es gar nicht leicht, auch weniger wichtige Kunstwerke zu bemerken.

Unser damaliger Führer machte uns auf die Gemälde der Seitenaltäre aufmerksam. Wie alles im Petersdom sind sie proportional zur Raumgröße riesig. Alle haben ein Altargemälde mit leuchtenden Farben. Schaut man sie sich hintereinander an, kommen sie einem irgendwie bekannt vor. Was verbirgt sich hinter diesen Gemälden? Wir wurden angeleitet, uns schräg vor den Altar zu stellen und das Gemälde aus einem scharfen Winkel von der Seite her zu betrachten. Da ging ein Staunen durch unsere Reihen: Es waren gar keine Gemälde, sondern Mosaike. Nur von der Seite kann man erkennen, dass das Bild aus winzigen Steinchen besteht, die bei Frontalsicht gar nicht erkennbar sind.

Eigentlich war die Mosaikkunst nicht mehr in Mode, als die Peterskirche gebaut wurde. Die Technik hatte sich damals so entwickelt, dass man mit kleinen Steinchen Gemälde vortäuschen konnte. Daher kamen sie mir auch irgendwie bekannt vor. Die Mosaike ahmten nämlich bekannte Gemälde nach. So findet sich in der Peterskirche sozusagen das Endstadium der Mosaikkunst. Die Steine lösen sich in einem Farbenrausch auf, und der Betrachter soll gar nicht mehr erkennen, dass es ein Mosaik ist. Die kleinen Steine verblassen aber im Gegensatz zur Malfarbe nicht und erhalten so die Originalfarben auf einzigartige Weise.

Das war auch die Grundlage für die Mosaikkunst überhaupt. In Italien kommen viele Gesteinsarten mit unterschiedlicher Farbe vor. Schon sehr früh hatten die Menschen die Idee, diese Steine zu Bildern zusammenzusetzen. Bei den Römern wurden Mosaike zum Schmuck in den Privathäusern und Tempeln verwendet. Dabei erstaunt vor allem, dass im Gegensatz zur Spätzeit im Petersdom recht große Steinchen verwendet wurden. Dennoch erzeugten sie einen überwältigenden Eindruck. Da Steine haltbar sind und ihre Farbe nicht verlieren, können wir so wie in einer Zeitreise dieselben Bilder sehen, wie sie die Zeitgenossen vor zweitausend Jahren erblickt haben. Wegen der Haltbarkeit und Unempfindlichkeit der Steine wurden vor allem Fußböden mit Mosaiken ausgelegt. Dabei war genau berechnet, dass das Bild auf dem Boden für die Augenhöhe des vorübergehenden Menschen erkennbar ist. Bückt man sich nach unten, sieht man nur Einzelsteine, die oft hässlich wirken. Ich kann immer nur darüber staunen, wie es Künstlern gelingt, das Bild in ihrer Vorstellung vorzuformen, sodass sie die richtigen Steine auswählen, um einen Gesamteindruck zu erzeugen. Wir nehmen eine Kamera in die Hand und drücken auf den Knopf. Dann ist das Bild fertig. Ein Mosaikkünstler brauchte Monate und Jahre, um seine Bilder zusammenzusetzen. Vor allem in Rom kann man dazu Beispiele aus allen Epochen sehen und darüber staunen, zu welcher Leistung die Menschen damals in der Lage waren.

Aus der Zeit des heiligen Benedikt stammt das Mosaik der Apsis in der Kirche der Heiligen Cosmas und Damian am Forum der Stadt Rom. In riesigen Flächen kommt Christus die Wolken am Jüngsten Tag herab. Als ich kürzlich vor diesem Bild stand, war ich etwas zu neugierig und wollte es aus der Nähe anschauen. Deshalb ging ich hinter den Altar. Schon kam ein Aufseher und ermahnte mich, den Altarraum nicht zu betreten. Beschämt zog ich mich wieder zurück. Es wäre auch gar nicht nötig gewesen, näher heran zu gehen. Die Bildwirkung ist ganz auf Entfernung ausgerichtet. Erst in einem gewissen Abstand setzen sich die Steine zu einem vollkommenen Gesamteindruck zusam-

men. Steht man dagegen zu weit entfernt, erkennt man die Einzelteile nicht. Es gibt also eine Art idealen Abstand.

So können die Mosaike auch unser Leben abbilden: Wie der Mitbruder unserem kleinen Mönch zu erklären versucht, kann ein Gesamteindruck nur entstehen, wenn sich viele kleine Einzelteile zusammensetzen. Diese sind aber nicht immer schön. Manche sind grau, unscharf, vielleicht etwas verwaschen. Sie dienen aber dazu, die leuchtenden Farben hervorzuheben. Die leuchtenden Farben allein würden sogar hässlich wirken. Genau so spielt sich unser Leben ab.

Unser Alltag besteht aus vielen Einzelteilen. Wie müssen uns jede Minute, ja Sekunden auf neue Situationen einstellen. Stellen wir uns nur vor, wir gingen in einer Stadt eine belebte Straße entlang. Nur, wenn wir alle unsere Sinne einsetzen, gelangen wir ans Ziel. Mit den Augen verfolgen wir den Weg. Ständig suchen wir nach Orientierungspunkten, um den Standort zu überprüfen. Unsere Ohren vernehmen Fahrzeuge und allerlei Lärm von außen. Sie bestimmen die Richtung mit. Über die Füße halten wir das Gleichgewicht und gehen damit aufrecht. Jede Unebenheit des Bodens kommt automatisch in unserem Gehirn an. Denkt man über die Masse von Informationen nach, die jeder von uns schon beim Gehen verarbeiten muss, kann man nur staunen, dass wir damit zurechtkommen. Als junger Medizinstudent habe ich mich immer gefragt, wie ein so kompliziertes System überhaupt eine Zeit lang ohne Fehler funktionieren kann. Verglichen damit sind die Mosaike relativ einfach, und jeder weiß, wie sie zustande kommen. Allerdings eignen sie sich als Symbol für unsere Lebensweise. Beispiele sollen auch eher vereinfachen, damit man das zugrundeliegende Prinzip besser versteht. Genau das hat der Mitbruder dem kleinen Mönch beigebracht. Er liebte das Bild von Maria und ihre mütterlichen Züge. Er hatte aber nie darüber nachgedacht, wie dieses schöne Bild zustande gekommen war.

So geht es auch mit unserer Vorstellung vom Glück: Ein gelungenes Leben, in dem Glücksmomente spürbar werden, setzt sich aus vielen, unendlich kleinen Momenten zusammen. Der Gang durch eine Stadt ist davon auch nur einer. Auch dieser Gang hat wieder viele kleine Bestandteile, die ihn erst möglich machen. Das sind jetzt eine Reihe Überlegungen, die eher theoretischer Natur sind. Um dieses Lebensmodell deutlicher zu machen, schildere ich einen Tag aus meinem Mönchsalltag. Wie setzt er sich zusammen?

In der Regel schlafe ich gut und tief. Daher wache ich auch nicht von allein auf, sondern werde von der Hausglocke um 4.40 Uhr geweckt. Diese Hausglocke klingt genauso wie die Glocke in einer Schule. Eigentlich mag ich diese Töne überhaupt nicht. Schon weil der Ton mich an meine Schulzeit erinnert, löst er immer einen kleinen Unmut in mir aus. Wach werde ich aber trotzdem, auch wenn die gute Laune meistens noch auf sich warten lässt. An ein Weiterschlafen ist eigentlich auch nicht zu denken, weil die Glocke am frühen Morgen drei Mal klingelt. Neben dem Ton empfinde ich diese Wiederholung manchmal als akustischen Terror. So beginne ich den Tag eigentlich immer etwas brummelig.

Zwanzig Minuten bleiben mir dann Zeit, die notwendigen hygienischen Maßnahmen durchzuführen. Ein älterer Missionar sagte mir einmal: Solange du jeden Tag die Zähne putzt und dich rasierst, hast du deine Zivilisation noch nicht verloren, oder, in seinen Worten: »Dann bist du noch nicht verbuscht.« Er wollte mich darauf hinweisen, dass manche Missionare in der Einsamkeit ihrer Außen- beziehungsweise Buschstation immer weniger Wert auf Körperpflege legen und verwahrlosen. Es fehlt die soziale Kontrolle. Mit zunehmendem Alter merke ich, dass dieser

Satz nicht nur für Missionare im abgelegenen Busch gilt ... Die Körperhygiene fällt schwerer und benötigt mehr Zeit. So beobachte ich jeden Tag, ob die zwanzig Minuten noch ausreichen oder ob ich auf eine Maßnahme verzichten muss, damit ich pünktlich zum Chorgebet komme. Noch schaffe ich es!

Sind also meine Zähne sauber und mein Körpergeruch erträglich, klingelt es schon wieder, zum Glück nur einmal. Das ist das Zeichen für das Morgengebet. Wir nennen das den »Frühchor«. Ich trete also aus meiner Klosterzelle, meinem Zimmer, in den Gang und laufe die Treppe hinunter in den Kreuzgang. Dann gehe ich in die sogenannte Kukullenkammer. Hier befindet sich die Kukulle – ein Mantel mit riesigen Ärmeln und vielen Falten, er liegt weit um den Körper und hält im Winter gut warm. Es ist das eigentliche Mönchsgewand und wird erst bei der feierlichen Profess überreicht.

In der kalten Jahreszeit ziehe ich erst die Kukulle über den üblichen Habit an. An einem sommerlichen Tag, den ich gerade schildere, bleibt die Kukulle hängen, aber nicht der Mönch. Ich greife also nach dem passenden Buch für den Gottesdienst, das ebenfalls hier aufbewahrt wird, und gehe zu meinem Platz im Chorgestühl. In Münsterschwarzach haben wir keinen festen Platz in der Kirche. Meistens sitzen wir altersgemäß in einer Bankreihe und schließen dann auf, je nachdem, wer wann kommt. Das ist also die erste Konzentration, die mir um fünf Uhr morgens abverlangt wird: Wo soll ich mich hinsetzen?

Ich stoße immer einen Seufzer der Erleichterung aus, wenn ich meinen Platz gefunden habe und für die nächste Dreiviertelstunde keine Entscheidungen mehr treffen muss. Das frühe Gebet besteht aus zwei Teilen, den sogenannten Vigilien und der Laudes. In Münsterschwarzach beten wir die dazugehörigen Psalmen hintereinander. In dieser Zeit kommt meine Seele zur Ruhe und kann allmählich die Umgebung wahrnehmen. Dazu helfen auch die Stimmen der Mitbrüder. Manche beten sehr laut, manche etwas hinterher, andere sitzen nur still dabei. Ich liebe diese Gebetszeit. Der Anfang fällt mir zwar immer schwer, weil ich kein Morgenmensch bin. Aber am Ende komme ich zu mir und ziehe gemeinsam mit den Mitbrüdern wieder aus der Kirche aus.

Hier in Münsterschwarzach folgt dann eine Zeit der Betrachtung, das heißt: Jeder sollte auf sein Zimmer gehen und eine geistliche Übung halten, sich also mit Worten der Heiligen Schrift oder einem Text geistlicher Schriftsteller beschäftigen. Vor einigen Jahren wurde diese Zeit auf vierzig Minuten verlängert, weil einige Mitbrüder diese Zeit als ganz wichtig für das Mönchtum als solches ansahen. Ich gehöre leider zu denen, die um diese Uhrzeit nicht in die Tiefe geistlicher Erfahrung eintauchen können. Ich setze mich in meinem Zimmer auf einen Sessel und versuche einfach wach zu bleiben, was nicht immer gelingt. Dies ist auch eine Übung, die mir hilft, mich auf den Tag vorzubereiten.

Um 6.30 Uhr schreckt mich wieder die Hausglocke auf. Dieses Mal gehe ich mit hellerem Blick wieder in den Kreuzgang. Dort stellen wir uns hintereinander auf. Die Reihenfolge wird vom Professalter bestimmt: Mönche, die seit vielen Jahren in Kloster sind, stehen vorn, die jüngeren hinten. Mit den Jahren rücke ich immer weiter auf. Diese Aufstellung wird mit dem lateinischen Namen Statio bezeichnet. Bei der Statio zur heiligen Messe versammeln sich nur die Brüder im Kreuzgang. Die Patres ziehen in der Sakristei ihre liturgischen Gewänder an und folgen den Brüdern, die wie ich im schwarzen Habit bleiben.

Wieder versammelt sich die ganze Gemeinschaft in der Kirche. Heute feiern wir das Fest des Heiligen Laurentius. Zu Beginn gibt der Hauptzelebrant immer eine kurze Einführung. Der Pater erinnert kurz an das Leben des Laurentius, der im frühchristlichen Rom als Diakon für die Armenfürsorge zuständig war. Als er von seinem Richter nach den Reichtümern der Kirche gefragt wurde, zeigte er auf die versammelten Armen und sagte: »Diese sind der Reichtum der Kirche.« Dieser Satz berührt mich immer wieder. Ich fühle mich dadurch ermutigt, weiter für die Kranken und Armen Afrikas Hilfe zu finden. Dabei blieb es aber bei Laurentius nicht. Er wurde grausam hingerichtet und auf einem glühenden Rost gefoltert. Er wird deshalb auch immer mit einem Rost dargestellt. Der Pater weist zum Schluss auch darauf hin, dass Laurentius der Patron der Köche ist. Roste werden natürlich gewöhnlich zum Grillen und Rösten und nicht zur Folter verwendet. Da kommt in mir gleich ein Sturm von Erinnerungen auf: In der kleinen Stadt Marktheidenfeld verbrachte ich meine Jugend. Dort ist der Heilige Laurentius Stadtpatron. Jedes Jahr wird im August eine Woche lang gefeiert, die sogenannte Laurenzimess. Gewöhnlich bleibt es nicht bei einem Besuch dieser »Messe«. In meiner Jugend wurde jeden Tag in der Zeitung die Menge an getrunkenem Bier veröffentlicht. Zu essen gab es auch reichlich. An diesem Morgen schwelge ich so richtig in katholischem Lebensgefühl: Wir können uns an einen Menschen erinnern, der vor 1800 Jahren grausam ermordet wurde. Die Dankbarkeit für sein Leben hat dann zu einem allumfassenden Brauchtum geführt und ist schließlich zur Grundlage reiner Lebensfreude geworden. Das finde ich so richtig katholisch.

Bei so vielen Festgedanken rauschen die anderen Messteile rasch an mir vorbei. Zur heiligen Kommunion nehme ich meine Umgebung wieder wahr und schreite zum Empfang. Anschließend kehre ich zufrieden in meine Bank zurück. Dann gibt der Zelebrant noch den Abschlusssegen. Im Anschluss geht es zum klösterlichen Speisesaal, dem Refektorium. Das Frühstück ist zur Selbstbedienung aufgebaut. Es gibt Verschiedenes, für jeden ist etwas dabei. Heute gibt es frisch zubereitetes Birchermüsli. Das liebe ich besonders und nehme mir ein Schüsselchen davon. Dazu trinke ich eine Tasse Kaffee. Während des Frühstücks herrscht Stillschweigen. Seit dem Aufstehen sind zweieinhalb Stunden vergangen. Schon viele Gedanken sind mir durch den Kopf gegangen, und jetzt stelle ich mich auch körperlich wieder ganz auf feste Füße. Nach dem Frühstück fühle ich mich rundherum wohl und gehe wieder auf mein Zimmer. Nun denke ich über den kommenden Tag nach.

Zuerst muss ich mich in der Krankenabteilung melden. Ich betreue die betagten Mitbrüder, die pflegebedürftig sind, aus ärztlicher Sicht. Beim Morgengespräch gibt es keine großen Probleme. Bei einem Bruder ist der Blutdruck gestiegen. Ich ändere die Dosierung.

Wenn alles erledigt ist, mache ich mich auf den Weg in den Verlag. Das Gebäude liegt vierhundert Meter von meinem

Zimmer entfernt. Diese Entfernung hilft mir, dass ich jeden Tag meine Bewegung bekomme. Seitdem habe ich viel weniger Gelenk- und Rückenbeschwerden. Unser Physiotherapeut bestätigte mich, als er mir sagte: »Gehen ist die beste Rückenmassage.«

Im Verlag herrscht fast immer eine gute Arbeitsstimmung. Daher freue ich mich jeden Tag auf die Begegnung mit den Mitarbeitern. Fast zwei Jahre bin ich jetzt mit der Leitung betraut. An manchen Tagen schaue ich staunend auf ein Leben voll überraschender Wendungen zurück. Vor zwei Jahren kam ich aus meiner Arbeit als Arzt und dann Prokurator zurück. Ich koordinierte die Projektarbeit der Missionsbenediktiner weltweit. Zuletzt war ich jedes Jahr auf vier Kontinenten unterwegs. Das wurde mir langsam zu anstrengend, und ich freute mich darauf, in meine Heimatabtei Münsterschwarzach zurückzukehren und ein Leben zu führen, das mehr benediktinischen Grundsätzen entspricht. Daher wollte ich hauptsächlich im Hintergrund mitarbeiten und meine Kenntnisse zur Verfügung stellen. Ein halbes Jahr ging so dahin, als plötzlich ein Leiter für den Verlag gesucht wurde.

Ich bin als Buchmensch bekannt und hatte mich intensiv mit Betriebsführung beschäftigt. Daher hielt man mich für diese Aufgabe geeignet. So wurde ich zu meiner eigenen Verblüffung Verlagsleiter. Zum Glück ist der Verlag personell hervorragend besetzt. Das Team ist recht jung. Mir macht es jeden Tag große Freude, diese Aufgabe zu erfüllen. Inzwischen sind eineinhalb Jahre vergangen und ich habe mich vom Anfangsschock erholt. Die Arbeit macht mir Freude, und ich schreibe sogar Bücher.

Heute gehe ich zuerst an den Computer und schaue mir die neu eingegangenen Mails an. Sehr unterschiedliche Themen fordern mich heraus. Jemand bietet eine Übersetzung an. Ich muss mich mit Produktionskosten auseinandersetzen. Ein Mitarbeiter braucht meine Hilfe bei einem schwierigen Gespräch. Dann klingelt das Telefon. Eine Frau fragt mich um Rat.

Schon bald ist die Mittagszeit herangerückt und ich muss mich zum Gebet in die Kirche begeben. Diese Gebetszeit dauert nur fünfzehn Minuten. Es ist ein Innehalten mitten in der Arbeitszeit. Doch verfolgen mich gedanklich natürlich alle Vorgänge des Vormittags. In den Gebeten wird auch daran erinnert, möglichen neuen Streit bald zu schlichten. Es ist von der Hitze des Mittags die Rede. Dankbar blicke ich auf den bisherigen Tag zurück. Es hatte keine großen Probleme gegeben und ich geriet auch in keinen Konflikt.

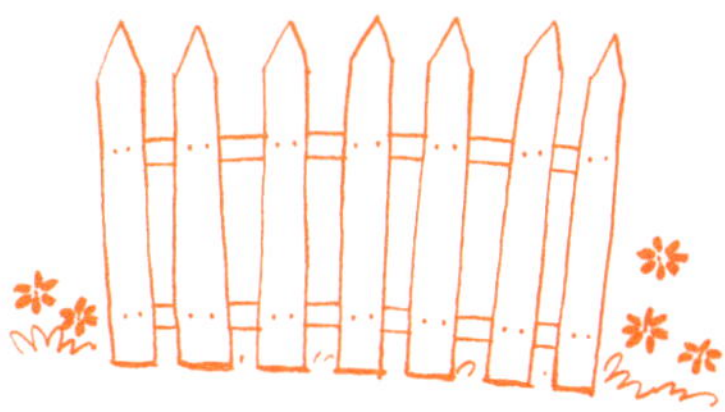

Nach dem Gebet geht es zum Mittagsessen, das wir im Schweigen einnehmen. Zum Essen wird aus einem Buch vorgelesen. Der Text plätschert dahin und ich fühle mich gut unterhalten, wenn ich auch keine großen Einsichten bekomme. Das ist beim Essen auch nicht zu erwarten. Anschließend fühle ich mich richtig müde. Um diese Uhrzeit merke ich, dass ich ein ganz schönes Stück älter geworden bin. Früher habe ich mich nie am Nachmittag hingelegt. Meistens hatte ich durchgehende Arbeitszeit. Jetzt brauche ich aber eine Stunde Mittagsschlaf, um anschließend weiterarbeiten zu können. Mit achtundsechzig Jahren darf das wohl auch sein. Trotzdem habe ich immer ein leicht schlechtes Gewissen, wenn ich mitten am Tag schlafe. Andererseits weiß ich auch, dass ich jetzt seit 4.40 Uhr auf den Beinen bin und nicht erwarten darf, die Spannkraft eines Vierzigjährigen zu besitzen. So sinke ich in den Schlaf. Gegen halb drei komme ich wieder zu mir und werde etwas mühsam wach. Dabei geht mir der Neid durch die Seele, wenn ich an meine gleichaltrigen Klassenkameraden denke. Die meisten von ihnen sind schon seit Jahren in Pension. Nachdem ich aber ganz wach bin, spüre ich neue Kraft. Dann bin ich wieder sehr froh darüber, noch immer einer so interessanten Tätigkeit nachgehen zu dürfen. Versunken in diese Gedanken, laufe ich zum Verlag. Unterwegs komme ich an einem Mirabellenbaum vorbei. Es hängen sehr gute Früchte daran, von denen ich immer ein paar für den Weg pflücke. Das sind die kleinen Genüsse nebenbei.

Wieder im Büro angekommen, setzen wir uns zusammen. Dazu kommt ein kleines Team zusammen, von denen jedes Teammitglied seine Kompetenz beisteuert. Das empfinde ich immer als reines Vergnügen. Wenn kompetente, gescheite Leute zusammensitzen und so Entscheidungen herbeigeführt werden, liegt der Erfolg in der Luft. So angeregt bringe ich es auch fertig, die noch nicht beantworteten Mails zu bearbeiten. Da ist viel Routine und Kontaktpflege dabei.

Der Nachmittag geht schnell vorbei und ich komme gerade rechtzeitig zur Vesper um 18 Uhr in die Kirche. Das Abendgebet ist feierlich und wird gesungen. Ich liebe diesen Gesang und die ruhige Stimmung. Es wirkt auch auf mich wie eine Entschleunigung, von der heutzutage so oft die Rede ist. Nach dem Abendessen begebe ich mich in mein Zimmer und beginne meine Abendlektüre. Ich bin seit vielen Jahren gewöhnt, jeden Abend länger zu lesen. Fernsehen oder Radio habe ich ganz eingestellt. Ich unterbreche die Lektüre noch einmal mit der Komplet, dem Abschlussgebet des Tages. Um 20 Uhr bin ich dann endgültig für die Nacht in meinem Zimmer angekommen. Wenn ich spüre, dass ich müde werde, beende ich meine Lektüre und damit den Tag.

Nun blicke ich zurück. Der Tag war gefüllt mit vielen kleinen Ereignissen wie bei einem Mosaik. Die Ereignisse für sich genommen haben keine große Bedeutung. Es ist nichts Außergewöhnliches passiert. Erst im Rückblick setzt sich der Tag zu einem Gesamtbild zusammen. Das ist so faszinierend am Mosaik. Die einzelnen Steinchen haben für sich genommen gar keine Bedeutung. Erst der Blick des Menschen setzt sie zu einem Bild zusammen. Genauso sollten wir es mit dem Tag machen. Wir geben oft viel zu sehr acht auf die Einzelereignisse und sehen den Zusammenhang nicht. Insgesamt überwiegen eigentlich die angenehmen Seiten des Lebens. Sie sind nicht spektakulär, aber allein die Begegnung mit Menschen, mit denen wir gut zusammenarbeiten oder gar leben können, macht unser Leben glücklich. Wir lassen uns oft von einem kleinen Einzelereignis die Laune verderben. Eine dumme Bemerkung, ein für uns unerwartet verlaufender Vorgang und ähnliche Kleinigkeiten verderben uns die Lebensfreude. Wenn wir unseren Tag insgesamt in den Blick nehmen, ergeben die schönen bunten Steine und die kleinen schmutzigen mit verwaschener Farbe erst das Bild einer Gesamtheit, die uns Freude macht. Das war auch die Erkenntnis des kleinen Mönchs. Allerdings bleibt ein Bild eben auch ein Bild. Wenn er mehr zum Glück finden will, muss er weiter in die Tiefe seines Lebens hineintauchen. Das ist Thema des nächsten Kapitels.

## Unterbrechen und den Blick schärfen

Es ist wirklich manchmal schwer, das große Ganze und damit auch das Schöne und Gute zu sehen, wenn man sich jeden Tag mit so vielen Einzelheiten und so vielem Klein-Klein beschäftigen muss. Gerade bei der Arbeit gerät man dabei leicht in eine Art Tunnel, in dem nicht mehr viel mehr bleibt als der nächste Punkt auf der To-do-Liste und der Zeitdruck, das Gefühl, mit allem irgendwie zu spät dran zu sein. Oder man ist so versunken, so absorbiert durch die Arbeit, dass man sie für das Wichtigste auf der Welt hält und glaubt, dass alles andere dem unterzuordnen und das eigentliche Leben die Arbeit sei.

Benedikt strukturiert daher ganz bewusst den Alltag der Mönche so, dass es immer wieder Unterbrechungen gibt, die es ermöglichen, aus der Arbeit auszusteigen und wieder bei sich selbst anzukommen. Deshalb heißt es in der Regel dazu: »Es gelte was der Prophet sagt (Ps 119,164): ›Sieben Mal am Tag singe ich dein Lob‹« (RB 16,1). Sieben Mal – heute sind es in den meisten Klöstern nur noch fünf Mal – am Tag lassen die Mönche sozusagen einfach alles

stehen und liegen und versammeln sich zum Gottesdienst. Egal, welcher Arbeit sie gerade nachgegangen sind, egal, was gerade unglaublich wichtig war: Jetzt, in dem Moment, in dem die Glocke erklingt, ist anderes wichtiger. Benedikt betont extra, dass es dann nicht heißen kann: »Ich komme gleich, ich mache hier nur gerade noch dies und das fertig«, sondern: »Hört man das Zeichen zum Gottesdienst, lege man sofort alles aus der Hand und komme in größter Eile herbei« (RB 43,1). Manchmal ist das auch sehr lästig, weil man eben gerade in etwas drinsteckt oder kurz davor ist, es fertigzustellen. Aber jeder kennt das auch, dass aus dem »ich komme gleich« schnell mal ein paar Stunden werden können. Nicht selten verliert man sich dabei im Perfektionieren von Details, die eigentlich für die Erledigung der Aufgabe überhaupt keine Rolle spielen.

Durch die Unterbrechung und die Forderung, sofort alles aus der Hand zu legen, wird es möglich, einen Schritt von der Arbeit, von dem, was wir gerade tun, zurückzutreten, vielleicht auch herauszutreten und wieder auf das Gesamte zu schauen. Den Blick zu weiten, nicht auf das winzige schwarze Steinchen zu schauen, sondern die Schönheit der Madonna in ihrer Gesamtheit wieder in den Blick zu nehmen. Den Mönchen hilft es zudem, sich wieder auf das Wesentliche zu zentrieren: das Gotteslob.

Selbst wenn Menschen das nicht als das Wesentliche in ihrem Leben ansehen, hilft die Unterbrechung dabei, sich auf genau das zu konzentrieren. Man kann mit dem Abstand, den man dadurch gewinnt, wieder neu entscheiden, was jetzt wirklich gerade wichtig ist, was als nächstes erledigt werden soll oder muss. Und indem man sich diese Auszeiten im Alltag gönnt, gerät man selbst weniger in die Gefahr, das Leben über der Arbeit zu vergessen, sich selbst und die eigenen Bedürfnisse nicht mehr ernst zu nehmen. Unterbrechungen helfen, selbst wieder ins Gleichgewicht zu kommen.

Und noch einen Vorteil haben diese Unterbrechungen: Selbst an einem Tag voller Arbeit, manchmal vielleicht auch voller Arbeit, die keinen Spaß macht und an den Nerven zerrt, schenke ich mir selbst in diesem »Break« einen kleinen Glücksmoment, in dem ich mir etwas Gutes tue, durchatme, an etwas anderes, Schöneres denke. Und so wird der Tag mir nicht nur als mühevoll, sondern immer auch als Geschenk im Gedächtnis bleiben – wenn auch nur in diesen kurzen Augenblicken.

»Es gelte, was der Prophet sagt (Ps 119,164): ›Sieben Mal am Tag singe ich dein Lob‹.«

RB 16,1

»Hört man das Zeichen zum Gottesdienst, lege man sofort alles aus der Hand und komme in größter Eile herbei.«

RB 43,1

## Fragen

Was gefällt mir besonders gut: Kunst, Mode, Landschaft, Film oder andere Dinge, in denen Schönheit greifbar wird?

Wie sah mein letzter Tag aus?

Erinnere ich mich nur an angenehme Momente oder sehe ich nur die Probleme und meinen Ärger?

## Übung

Bei uns Mönchen gibt es das Ritual, am Abend vor dem Schlafengehen auf den Tag zurückzuschauen. In einem Gebet bitten wir um Verzeihung für das, was nicht so gut gelaufen ist an diesem Tag oder wo wir einen Fehler gemacht haben, wir danken aber auch für all das, was schön und gut war und was uns geschenkt wurde.

Ich spüre immer wieder, dass es mein Bild von diesem Tag zurechtrückt – in jeder Hinsicht. Ich merke dann, wo er wirklich schwierig war. Ich merke aber auch, dass ich oft gerade die kleinen Dinge, die schönen Momente übersehen habe oder einfach viel weniger gewichte als die schwierigen. Am Abend habe ich den Abstand zum Tag und zu all dem, was mich beschäftigt und bewegt hat. Ich trete sozusagen ein paar Schritte zurück und schaue auf das »Lebensmosaik«.

Vielleicht hast du Lust, dieses Ritual ebenfalls einzuüben. Es muss auch kein Gebet sein, das du dann sprichst, sondern einfach nur ein paar Minuten des Innehaltens, in denen du dich am Abend sozusagen auf die Suche nach den »Augen der Madonna«, den Glücksmomenten im Mosaik des Tages machst: Vielleicht scheinen sie dir zunächst verwaschen und unscheinbar, sind aber mit Abstand betrachtet wesentlich für den Tag, für das Leben.

Etwas ungeduldig zog ihn der Mitbruder wieder am Ärmel: »Komm!«, und sie gingen um die Ecke des Kreuzganges in die kleine Küche des Klosters.

Der Mitbruder nahm einen Apfel. »Magst du Äpfel?«, fragte er den kleinen Mönch.

»Ja, natürlich, die sind lecker«, antwortete dieser. »Aber weißt du auch, dass das größte Glück im Inneren des Apfels liegt?«

Mit dieser Frage schnitt der Mitbruder den Apfel in der Mitte durch und zeigte ihm den kleinen Mönch.

»Siehst du die Kerne? Weißt du, wie sie schmecken?«, fragte er.

»Ja«, erwiderte der kleine Mönch, »sie schmecken etwas bitter ...«

»... und doch sind sie das Wichtigste am Apfel«, fiel ihm der Mitbruder ins Wort, »denn aus ihnen entsteht neues Leben!«

Wieder war der kleine Mönch erstaunt: »So habe ich das ja noch nie gesehen! Du hast recht, was für ein Glück, dass es die bitteren Kerne gibt!«, und ein Lächeln zauberte sich auf sein Gesicht, zum ersten Mal an diesem trüben Tag.

## Vom Glück im Apfelkern

Auf der Suche nach dem inneren Glück bekommt der kleine Mönch weiter Hilfe. Sein Mitbruder macht ihn auf die Apfelkerne im Innersten, im Zentrum jeder Frucht aufmerksam. Jeder weiß, dass sie da sind, aber sie sind nicht gleich sichtbar. Darin liegt der große Unterschied zum Mosaik: Die Kerne liegen nicht vor unseren Augen. Wir müssen erst eine Methode finden, um zu ihnen zu gelangen.

Es ist noch nicht so lange her, dass die Wissenschaft die Gene in den Kernen entdeckt hat. Aber schon immer wusste man, dass aus ihnen ein neuer Apfelbaum wachsen kann, wenn man sie in die Erde legt. Wir wissen heute etwas genauer, dass alle Eigenschaften des Apfels von den Kernen her bestimmt werden. Das ist auch bei uns so: Die Gene unserer Eltern bestimmen unsere Eigenschaften, ob wir sie mögen oder nicht. Im Fall des kleinen Mönches hilft ein Schnitt mit einem Messer, um an die Kerne heranzukommen.

Es handelt sich also um Eigenschaften, die in der Tiefe verborgen sind. Das ist eigentlich paradox. Wenn wir einen Apfel sehen, achten wir üblicherweise auf die Farbe, die Größe und die Schale. Entscheidend für all diese Eigenschaften sind aber die Kerne, die wir gar nicht sehen.

So hat jeder Mensch, jede Frau und jeder Mann Grundeigenschaften, die er oder sie von Geburt an mitbekommen hat. Wir können diese Eigenschaften nicht auswählen oder im Nachhinein ersetzen. Es gibt zum Beispiel hochmusikalische Menschen und solche, die keine Melodie erkennen können. Hochmusikalische Menschen brauchen aber trotzdem eine Ausbildung, um ihre Fähigkeit auch nutzen zu können. Dieselbe Ausbildung hilft jedoch niemandem, der kein Gehör für die Musik hat. Das wäre dann nur Quälerei. Es kommt darauf an, diese Grundeigenschaften zu kennen, damit die Lebensplanung gelingen kann. Dies ist bei Kindern die Aufgabe der Eltern. Als Erwachsene müssen wir uns dann mit dem Zustand abplagen, was daraus geworden ist, wie die angeborenen Eigenschaften also gefördert oder missachtet wurden.

Wenn unser Leben gelingen soll und wir die innere Zufriedenheit als Ziel ansehen, dann sollten wir uns besser kennenlernen, um zu spüren, wessen wir eigentlich bedürfen. Seltsamerweise sind unser Wille und Antrieb nicht immer auf Ziele gerichtet, derer wir bedürfen. Erst wenn wir unsere Sehnsüchte auf Ziele richten, die uns guttun und uns glücklich machen, kann unser Leben gelingen.

Es gibt für unsere Tiefeneigenschaften ein Schema, das zur Selbstfindung recht hilfreich ist. Diese Eigenschaften werden in vier Gruppen eingeteilt: In Eigenschaften, die

1. weder wir selbst noch andere kennen.
2. nur wir selbst kennen, andere aber nicht.
3. nur andere kennen, wir selbst aber nicht.
4. wir selbst und auch die anderen kennen.

Ziel der menschlichen Entwicklung wäre der letzte Fall: Erst, wenn möglichst viele Eigenschaften uns selbst und unserer Umgebung bekannt sind, können wir in dem, was wir tun, aus dem Vollen schöpfen. Und können auch andere auf unsere Talente zurückgreifen, um eine Aufgabe zu lösen und kompetente Hilfe zu bekommen. Dann können wir gemeinsam die Welt ein Stück besser machen, kann unser Leben gelingen. Dieses Schema ist eine Theorie. Daher werde ich versuchen, sie an Beispielen zu erläutern. Sie sollen helfen, bei sich selbst auf Spurensuche zugehen.

## Das Unbekannte in mir

Gibt es tatsächlich Eigenschaften, die uns und allen, die uns kennen, unbekannt sind? Beim ersten Hören scheint das unwahrscheinlich. Doch hat sich herausgestellt, dass viele Menschen unbewusst leben und wenig auf ihr mögliches Können achten. Sie geben sich viel zu früh zufrieden mit dem Minimaleinsatz ihrer Fähigkeiten. So können auch andere Menschen nicht erkennen, was möglicherweise noch in ihnen steckt.

Als ich 1987 nach Tansania zog, um dort als Arzt zu arbeiten, geriet ich in eine schwierige Situation. Ich hatte das Glück, eine sehr breite und vielseitige medizinische Ausbildung erhalten zu haben. Meine Fachkenntnisse in Innerer Medizin und Tropenmedizin waren genau auf die Tätigkeit passend, die man in einem afrikanischen Krankenhaus benötigt. Ich machte mich also mit dem Bewusstsein auf den Weg, gut vorbereitet zu sein. In einem Gespräch mit der damaligen Chefärztin, einer Gynäkologin und Ordensfrau, versicherte sie mir, dass ich erst einmal ankommen und mich in die neue Arbeitswelt eingewöhnen solle. Ich müsse mich um nichts anderes kümmern als meine medizinische Aufgabe.

Wenige Wochen vor meiner Ankunft änderte sich die Ausgangslage völlig. Die Chefärztin wurde in einem anderen Land zur Priorin gewählt und verließ das Krankenhaus, bevor ich eintraf. Als ich ankam, war das Spital ohne Führung und ziemlich desorganisiert. Es gab kein Leitungsteam, nahezu keine Ärzte und nicht einen einzigen aus Tansania. Es war auch unklar, wer der eigentliche Träger des Hauses war. Die ehemalige Chefärztin wollte es ganz unter die Leitung der Schwestern stellen. Dazu lag auch ein Vertrag vor. Der Gemeinschaft ihrer Mitschwestern erschien diese Aufgabe aber zu groß, und sie lehnten den Vorschlag ab. Die Männer auf der anderen Seite hatten auch kein großes Interesse, diese Last weiterzutragen.

Ich kam also in ein Haus ohne Führung und ohne klare Strukturen. Was sollte ich tun? Die Schwestern beschworen mich, die Führung zu übernehmen, mein zuständiger Abt riet davon ab. Er meinte, ich sei zu »weich« für diese Aufgabe. Als all diese Probleme auf mich eindrangen, war auch ich der Überzeugung, dass ich das nicht schaffen könne. Ein Bleiben erschien mir sinnlos. Ich hätte dann ja auch keine Chance gehabt, meine Fachkenntnisse anzuwenden. So beschloss ich, wieder nach Deutschland zurückzukehren. Dieser Entschluss schockierte mein Umfeld. Es entstand ein Chaos an Empfehlungen und Einwänden. Da wurde mir klar, dass ich ganz allein eine Entscheidung treffen musste, die davon abhing, wie mein Leben letztlich aussehen sollte.

In einigen Tagen der Besinnung und des Ausharrens vor Gott lief mein bisheriges Leben wie ein Film vor mir ab. Mir wurde klar, welche Hilfe und welcher Einsatz anderer mein Leben bisher ausgemacht hatten. Alles war gelungen, und mit fünfunddreißig Jahren war ich Facharzt mit einer Zusatzbezeichnung. So beschloss ich, wenigstens drei Jahre zu versuchen, der Aufgabe gerecht zu werden.

Zunächst waren alle erleichtert. Dann fragte ich den Abt, wer denn zuständig sei, mir die Leitung des Krankenhauses zu übertragen. Er sagte mir, dass ihn dies nichts anginge. Er wolle nur, dass ich als Arzt arbeite. Wenn ich dann Chefarzt würde, sei das ganz meine Sache. Das hatte mir gerade noch gefehlt. Da ich aber den Entschluss gefasst hatte, zu bleiben, ging ich zu unserer Verwalterin und sagte fröhlich: »Schwester Elisabeth, hiermit ernenne ich mich zum Chefarzt des Krankenhauses.« Diese Ernennung war sehr nachhaltig. Ich blieb es Jahrzehnte lang.

Dann begann der Ernst des Alltags. Wie ich geahnt hatte, lag das Problem nicht auf der fachlich-medizinischen Seite, sondern in den Führungsaufgaben. Ich hatte es mit Ordensleuten und Angestellten zu tun. Es gab ein paar deutsche Entwicklungshelfer und ein Großteil tansanische Mitarbeiterinnen und Mitarbeiter.

Gleich von Anfang an gab es große Konflikte. Ein deutscher Medizintechniker wollte am Sonntag nichts reparieren, weil die Arbeit gegen die christliche Sonntagsruhe verstoße. Eine deutsche Chirurgin wollte ihre Arbeit niederlegen, weil ich einen tansanischen Gynäkologen gefunden hatte, dessen Lebensweise nicht ihren moralischen Grundsätzen entsprach. Die deutsche Apothekerin gab keine Medikamente aus, weil sie der Abrechnung des Personals nicht traute. Alle diese Menschen hatten eine wichtige Funktion, und ich musste ohne jede Führungserfahrung handeln.

Ich glaubte zunächst wirklich, dass dies alles völlig über meine Fähigkeiten hinausginge. Andererseits wollte ich wenigstens drei Jahre durchhalten. Ich sagte mir, dass dann jeder Verständnis haben würde, wenn ich nicht mehr weitermachen könnte. Wenigsten hätte ich es versucht. Dieser Gedanke half mir, durchzuhalten. Nach drei Jahren war es mir zu meinem eigenen Erstaunen gelungen, fast alle Personalprobleme zu lösen, neue einheimische Ärzte zu gewinnen und eine Struktur aufzubauen. Ich erkannte plötzlich Führungsfähigkeiten in mir, von denen weder andere noch ich vorher eine Ahnung hatten. Ich setzte also meine Arbeit fort und besuchte Führungsseminare in mehreren Ländern. Heutzutage gebe ich selbst Führungsseminare, zusammen mit Dozenten der Universität St. Gallen.

An mir selbst habe ich also erlebt, dass diese erste Gruppe der Eigenschaften durchaus existieren und nur durch Bedingungen zum Vorschein kommen, die mit dem Schnitt durch den Apfel vergleichbar sind. Sobald aber diese Eigenschaften sichtbar geworden sind, kennt man sie selbst, und auch die anderen wissen Bescheid. Das hatte Konsequenzen für mich. So bin ich von 1987 an bis heute in Führungsaufgaben tätig, für die ich und andere mich zunächst für völlig ungeeignet gehalten hatten.

## Die große Entdeckung

»A star was born« heißt ein bekannter Film mit Judy Garland, der kürzlich wieder neu verfilmt wurde: Im Film erkannte jemand das Talent dieser Frau, die Judy Garland spielt, und machte sie zu einem Weltstar. Das kommt mir bekannt vor: Als leitender Arzt war ich ständig auf Suche nach fähigen Personen. Das Schwierige dabei ist, dass sich viele für Aufgaben befähigt halten, die sie eigentlich nicht beherrschen. Daher bin ich immer wieder froh, Menschen zu finden, in denen ich diese Eigenschaften erst zur eigenen Entdeckung bringen kann. Es sind also Menschen, die nicht um ihre Fähigkeiten wissen.

Eines Tages wurde mir der Neffe einer afrikanischen Ordensschwester vorgestellt. Ich schätzte diese Schwester sehr. Sie war für die Mütter- und Kindergesundheit zuständig und hatte mich beim Besuch von medizinischen Außenposten in die Welt der afrikanischen Dörfer eingeführt. Sie war gescheit und hatte ein breites Wissen. Ihr Neffe hatte gerade die Sekundarschule abgeschlossen. Sie bat mich, ihn im Krankenhaus anzustellen und ihm eine Ausbildung zu ermöglichen. Der junge Mann machte gleich einen guten Eindruck auf mich. Erstaunlicherweise interessierte er sich für Statistik. Das ist für die meisten Menschen eher langweilig, weil doch ein trockener Stoff.

Er half unserem Angestellten, der die Daten der Patienten sammelte. Weil er sich bei der Arbeit sehr geschickt zeigte, schickten wir ihn auf eine Schule für medizinische Statistik. Im Krankenhaus hatten wir bisher eine nur rudimentär entwickelte Statistik. Wir zählten die Patienten, konnten aber keine genaueren Daten ermitteln und auch keine Bezüge herstellen. Diese Daten waren aber sehr wichtig, schon weil wir verpflichtet waren, der Regierung entsprechende Ergebnisse zu liefern. Nur so konnten wir Zuschüsse erhalten. Als der junge Mann nun von der Schule zurückkam, baute er mit seinen neuen Kenntnissen ganz allein ein Archiv auf und entwarf eine neue Struktur zur statistischen Erfassung der Daten. Als eines der ersten Krankenhäuser in Afrika nutzten wir die internationale Klassifikation von Krankheiten und konnten so jede einzelne Krankheit statistisch erfassen. Ich war sehr beeindruckt, wie schnell und wie effizient dieser Mann arbeitete. Nach weiteren zwei Jahren absolvierte er zudem eine erweiterte Ausbildung, die ihn berechtigte, die Abteilung zu leiten. Er war immer noch keine dreißig Jahre alt, als wir überlegten, ob wir ihn auch noch für die Krankenhausverwaltung ausbilden lassen sollten. Diese Ausbildung war mit einer Hochschulbildung verbunden, und auch diese meisterte er. Nach weiteren drei Jahren kehrte er mit dem Diplom für Krankenhausverwaltung zurück in unsere Klinik. Die deutsche Ordensschwester, die mit mir die Verwaltung des Krankenhauses aufgebaut hatte, wollte nun ihre Arbeit übergeben. Sie hatte aber Zweifel, ob dieser junge Mann schon reif war, um dies zu übernehmen. Da erkannte ich allein seine ganzen Fähigkeiten. Er hatte bis jetzt jede Aufgabe erfolgreich zu Ende gebracht, hatte nie versagt und war immer zuverlässig gewesen. Daher entschloss ich mich, ihn zum Verwaltungsleiter des Krankenhauses zu ernennen. Nach dem Chefarzt ist das der höchste Posten im Haus. Er enttäuschte mich nicht. Es wurde immer deutlicher, dass er für diese Aufgabe eine Art natürliche Begabung hatte. Dank seiner Fachkenntnisse und Begabung haben wir die Eigeneinnahmen steigern können, Projekte durchgeführt und ohne Verzögerung Berichte bekommen. Er ist auch ständig auf Innovation aus und möchte das Krankenhausmanagement auf den neuesten Stand bringen. So hat er die Begleichung der Rechnungen auf bargeldlose Bezahlung umgestellt. Jetzt, wo ich diese Zeilen schreibe, stellt er das medizinische Informationssystem ganz auf elektronische Medien um. Für mich ist er eine unglaubliche Talententdeckung. Er selbst fühlt, dass er durch mein Zutrauen erst zu der Person geworden ist, die er heute ist. Er unterschreibt Briefe an mich immer mit: »Dein Sohn.« Das ist mir eigentlich peinlich, aber als ich ihn fragte, ob er es weglassen könne, sagte er mir: »Nein, du bist mein Vater.«

Sicher kommt nicht jeder in eine Position, dass er Talente entdecken und so das Glück eines anderen zum Vorschein bringen kann. Aber alle Eltern stehen vor dieser Aufgabe. Lehrer und Erzieher sollten immer auf der Suche nach förderwürdigen Talenten sein. Nur so können die tief im Inneren verborgenen Möglichkeiten eines Menschen sichtbar werden.

## An sich selbst glauben

Wir alle haben Neigungen, die wir gern vor anderen verbergen. Das hat häufig nichts mit bösem Willen zu tun, sondern ist davon geprägt, was die Gesellschaft, in der wir leben, für gut oder schlecht befindet. Sexuell enthaltsam zu leben hat heute beispielsweise keinen hohen Stellenwert und bringt im Gegensatz zu früher auch kein soziales Ansehen. Uns Mönchen wird oft nicht abgenommen, dass wir uns wirklich daran halten. Auch für junge Menschen ist es oft problematisch, zuzugeben, dass sie noch keinen sexuellen Kontakt hatten. Ich traf einmal einen Klassenkameraden, den ich viele Jahrzehnte nicht mehr gesehen hatte. Er hatte sich den Unterschenkel gebrochen und lag im Krankenhaus. Als ich ihn besuchte, war er sehr gesprächig und erzählte mir von früher. Er sei so schüchtern gewesen, das er sich nicht einmal getraut habe, sich einem Mädchen zu nähern. Er war weit über zwanzig, als er endlich Beziehungen zu Frauen aufbauen konnte und heiratete. Beim Zuhören kam ich nicht mehr aus dem Staunen heraus. Ich hatte ihn als gutaussehenden, sehr sportlichen Klassenkameraden in Erinnerung. Ich nahm damals an, dass er an jedem Finger eine Freundin habe. Das Gegenteil war der Fall. Er musste seine angeborene Schüchternheit durch großspuriges Auftreten verbergen. Interessant für mich war auch, dass er mir dies erst erzählte, als ich schon lange Mönch war. Da ich durch meinen Status völlig andere Werte vertrat, musste er vor mir nicht mehr den Superhelden spielen. Wer ständig Eigenschaften vortäuschen muss, die er nicht hat, führt ein anstrengendes Leben und kann nicht mehr der sein, der er eigentlich ist.

In der heutigen Gesellschaft wird außerdem beruflicher Erfolg sehr geschätzt. Dies gilt aber nicht für jede Tätigkeit. Bestimmte Berufe sind mit hohem sozialen Ansehen verbunden, andere eher nicht. Viele wählen dann einen solchen, der nicht ihren Neigungen entspricht, sondern von der Umgebung am meisten geschätzt wird. Sie müssen ihre wahren Neigungen verbergen, um das ihnen auferlegte Ziel zu erreichen.

Wenn wir glücklich werden wollen, ist es also wichtig, dass wir zu unseren Eigenschaften stehen und ihnen gerecht werden. Das ist häufig ein sehr steiniger Weg, den viele Künstler gegangen sind. Wenn die Kinder Schauspieler oder Berufsmusiker werden möchten, bekommen sie häufig schon von den Eltern zu hören, das sei eine brotlose Kunst. Und in den Anfängen einer Künstlerkarriere ist es das oft auch tatsächlich. Sie werden schlecht bezahlt und bekommen selten eine feste Stelle. Viele halten sich finanziell mit Aushilfsjobs über Wasser, um sich das tägliche Leben leisten zu können. Oft überfällt sie zudem der Zweifel, ob sich diese Entbehrungen überhaupt lohnen. Manchen gelingt es aber, tatsächlich entdeckt zu werden und schließlich von der eigenen Kunst leben zu können. Dann kommen verborgene Eigenschaften zum Vorschein, von denen die Künstler selbst spürten, dass sie in ihnen vorhanden sind, an die aber niemand glauben wollte. Ein solches Leben kann zunächst sehr anstrengend sein, aber dann zu außergewöhnlicher innerer Zufriedenheit führen, an der viele Menschen Anteil haben.

## Ganz sichtbar werden

So ist das Ziel letztlich der Zustand, dass alle unsere Eigenschaften und Talente uns selbst und anderen bekannt werden und unsere Begabungen voll zur Entfaltung kommen. Entscheidend wichtig ist, dass wir in unserem Zusammenleben umeinander wissen. Es geht bei diesem Wissen um Schwächen und Stärken. Wir selbst möchten häufig, dass nur unsere Stärken bekannt sind. Dabei ist es für andere genauso wichtig, auch die Schwächen zu erkennen. Dann wissen die Menschen in unserer nahen Umgebung, worauf sie Rücksicht nehmen sollten und wann sie helfen können, wenn es nötig ist. Kürzlich sagte mir ein Mitbruder, dass er häufig das Bedürfnis hat, allein zu sein. Es fällt ihm schwer, immer alles zusammen mit anderen zu tun. Das war eine sehr ehrliche Mitteilung. In unserer klösterlichen Gemeinschaft ist es nicht gern gesehen, wenn sich jemand vom gemeinschaftlichen Leben zurückzieht. Sofort kommt der Verdacht auf, dass er ein Sonderleben führt oder gar depressiv ist. Bei diesem Mitbruder weiß ich jetzt, dass ich ihn in Ruhe lassen soll, wenn er ein paar Tage zurückhaltend wirkt und nicht bei jedem Termin dabei ist. Glückliches Miteinander kann letztlich nur gelingen, wenn wir voneinander viel wissen und uns in unseren Stärken und Schwächen respektieren.

Das gilt nicht weniger bei Begabungen. Jeder Betrieb, jede Organisation, jedes Kloster, ja jeder Staat ist darauf angewiesen, von Menschen getragen zu werden, die ihre Begabungen in ihren Dienst stellen. Dabei geht es nicht nur um Führung, sondern darum, dass die Organisation sich aus den vielen Menschen zu einem funktionierenden Ganzen zusammenfügt. Ein Betrieb ist nur dann erfolgreich, wenn es gelingt, die Begabungen der Mitarbeiterinnen und Mitarbeiter zu entdecken und zu fördern. Das Gemeinschaftsleben im Kloster ist eine Gesellschaft im Kleinen. Eine solche Gemeinschaft braucht Menschen, die Unterschiedliches können: Geld verdienen, künstlerisch begabt sind, wissenschaftlich arbeiten, gute Seelsorger sind, Alte und Kranke pflegen und auch Frauen und Männer, die gut kochen können. Niemand muss das alles können. Und: Keine Tätigkeit ist wichtiger als die andere. Das Kloster wie die Gesellschaft sind aber darauf angewiesen, dass Menschen bereit sind, ihre Begabung in den Dienst anderer zu stellen. Nur so kann beides wirklich funktionieren.

Sicher hat auch jeder Mensch das Bedürfnis danach, viele kleine Kammern seiner Seele zu schützen und nicht offen zu halten. Eines ist aber klar: Jeder Mensch ist umso glücklicher, je mehr Vertrauen er in seiner Umgebung spürt. Dieses Vertrauen trägt und schützt auch die verletzlichen Seiten. Wir Christen wissen, dass Gott die Liebe ist. Ihr ist eben alles anzuvertrauen. Sie nimmt uns an, wie wir sind. Letztlich sollten wir immer daran denken, dass alle Eigenschaften von Gott als Schöpfer kommen. Sie sind also gewollt. Das ist das Zeichen der Kerne im Apfel. Sie enthalten alle Eigenschaften, die nachher in unserem Leben sichtbar werden. Nur, wenn wir diese Eigenschaften erkennen und zum Leben bringen, kann in uns eine Ahnung von Glück entstehen. Das hat auch der kleine Mönch verstanden.

## Vom guten Kern

Dem anderen seine eigenen Talente zu entdecken, vielleicht auch gerade jene, die er selbst noch gar nicht gesehen hat, dahinter steht eine ganz wesentliche Haltung: die des Respekts und der Achtung voreinander. Heute hat man manchmal den Eindruck, dass es eher darum geht, die Fehler des anderen aufzudecken und seine Unzulänglichkeiten – und sie ihm dann möglichst öffentlich vor Augen zu führen. Allerdings hat das auch häufig damit zu tun, dass man unglücklich ist mit dem eigenen Können, mit dem, was man erreicht hat im Leben oder einem an Möglichkeiten offenstand. Daher braucht man den anderen, um ihn kleinzumachen, damit man sich selbst größer fühlt. Was wiederum mit mangelndem Selbstwertgefühl zu tun hat und der Tatsache, dass man die eigenen Talente geringschätzt oder gar nicht erst sieht.

Benedikt liefert seinen Mönchen sogar eine Begründung, warum es gar nicht anders möglich ist, als anderen Menschen mit Respekt und Achtung zu begegnen: »Alle Fremden, die kommen, sollen aufgenommen werden wie Christus; denn er wird sagen: ›Ich war fremd, und ihr habt mich aufgenommen‹« (RB 53,1). Er meint also: In jedem anderen, in jedem Gegenüber begegne ich Christus – aber die anderen begegnen auch in mir Christus selbst. So hat jeder Mensch die gleiche christliche Würde, egal, woher er kommt, wer er ist, an was er glaubt, wie viel oder wenig er besitzt und nach gesellschaftlichen Maßstäben bedeutet oder kann. Jeder Mensch ist in seinem innersten Kern gleich, und jeder hat den gleichen Respekt und die gleiche Achtung verdient.

Das meint nicht, dass alle Menschen gleich sind, was ihre Bedürfnisse und ihre Talente angeht. Das hat Benedikt sogar ebenfalls extra in der Regel vermerkt (RB 34,1–4): »Man halte sich an das Wort der Schrift: ›Jedem wurde so viel zugeteilt, wie er nötig hatte‹ (Apg 4,35), damit sagen wir nicht, dass jemand wegen seines Ansehens bevorzugt werden soll, was ferne sei. Wohl aber nehme man Rücksicht auf Schwächen. Wer weniger braucht danke Gott und sei nicht traurig. Wer mehr braucht, werde demütig wegen seiner Schwäche und nicht überheblich wegen der ihm erwiesenen Barmherzigkeit.« Für ihn sind jedoch im Kern alle Menschen gleich. Was dann daraus wird, also wie der »Baum« aussehen wird, der aus den Kernen wächst, welche »Früchte« er trägt, hängt sicher davon ab, ob die Kerne auf fruchtbaren Boden fallen oder nicht, ob der Untergrund felsig ist oder sehr bergig oder ob der Baum in der Ebene auf einer großen Wiese wächst.

Für mich bedeutet das auch: Ich muss nicht jeden Menschen wirklich leiden können. Ich muss auch nicht mit ihm einer Meinung sein und ich darf seine Haltungen ablehnen. Aber ich begegne ihm trotzdem mit Respekt, ich erkenne in ihm den gleichen Kern wie in mir, die gleiche Würde, die ich selbst als Abbild Christi habe. Daher muss ich andere nicht kleiner machen, damit ich selbst größer wirke. Alle haben innerlich die gleiche Größe, die ihnen niemand nehmen kann.

Vielleicht steckt sogar das Glück in dieser Erkenntnis. Denn sie wird es mir leichter machen, den anderen in allem, was er ist und kann, sein zu lassen, ohne Neid, ohne Missgunst oder das Gefühl, selbst zu kurz gekommen zu sein. Weil ich weiß, dass er nicht mehr wert ist und ich nicht weniger, nur weil ich andere Dinge kann und vielleicht auch anders lebe.

»Alle Fremden, die kommen, sollen aufgenommen werden wie Christus; denn er wird sagen: ›Ich war fremd, und ihr habt mich aufgenommen‹.«
RB 53,1

»Allen Gästen begegne man bei der Begrüßung und beim Abschied in tiefer Demut: Man verneige sich, werfe sich ganz zu Boden und verehre so in ihnen Christus, der in Wahrheit aufgenommen wird.«

RB 53,6.7

»Sobald jemand anklopft oder ein Armer ruft, antworte der Pförtner: ›Dank sei Gott‹ oder ›Segne mich!‹.«

RB 66,3

## Fragen

Was sind meine Stärken?

Neige ich dazu, gewisse Eigenschaften zu verbergen?

Welchen Eindruck möchte ich gern anderen vermitteln?

Ertrage ich es, von anderen beurteilt zu werden?

## Übung

Eine kleine Apfel-Meditation: Pflücke oder kaufe dir einen schönen Apfel, wie du ihn magst. Schneide ihn halb durch und schau dir die Kerne im Gehäuse einmal genauer an.

Welche Talente, welche »Kerne« ruhen noch in dir, unentdeckt oder einfach ungenutzt, aus denen ein Baum wachsen könnte, der viele Früchte trägt?

Gibt es Menschen in deiner Umgebung, bei denen du sozusagen in ihren Kern schaust und Talente siehst, die sie selbst noch nicht entdeckt haben? Kannst du mit ihnen darüber sprechen?

Erinnerst du dich an »Apfelmomente« in deinem Leben, wo aus einem kleinen Kern, einem kleinen Glück in deinem Leben ein großes Glück geworden ist?

Gibt es Momente, an die du dich erinnerst, in denen das Glück im Kleinen verborgen war und du es zunächst nicht sehen konntest, sondern erst im Rückblick?

Wenn du magst: Pflanze die Apfelkerne in einen großen Topf mit Erde und schau, was daraus wird. Oder koch dir aus dem Apfel und ein paar weiteren Apfelmus – mit Zimt und Honig gewürzt ganz sicher mehr als ein kleines Glück!

»Oh, sieh mal«, rief der Mitbruder plötzlich, »es hat angefangen zu schneien!«

Und wieder zog er den kleinen Mönch am Ärmel durch die Tür nach draußen in den Klostergarten, wo die ersten dicken Flocken schon einen weißen Schleier auf die kalte Erde gelegt hatten.

»Was meinst du: Was ist das Schönste am Schnee?«, fragte er ihn.

Der kleine Mönch überlegte. Er hatte ja eben gelernt, dass es auf die kleinen Dinge ankommt, und so sagte er zögerlich: »Die Schneeflocken?«

»Richtig!«, erwiderte der Mitbruder: »Komm, lass uns eine fangen!«

Mehr, als es sich für Mönche ziemte, begannen sie, im Klostergarten herumzuspringen, um Schneeflocken zu jagen.

»Ich habe eine!«, rief der kleine Mönch glücklich, »sieh mal, wie wunderschön sie ist!«

Der Mitbruder stand ein paar Schritte entfernt, und bis er den kleinen Mönch erreichte, war die Schneeflocke in dessen Hand geschmolzen.

»Ach, schade«, sagte der kleine Mönch, »jetzt kann ich sie dir nicht mehr zeigen.«

»Ja, so ist das mit dem Glück«, sagte der Mitbruder. »Komm, wir gehen zurück in die Küche, es wird ganz schön kalt hier draußen!«

## Glücksmomente

Der kleine Mönch macht hier eine wesentliche menschliche Erfahrung: Glück taucht immer wieder in unserem Leben auf, es ist aber kurz und vergeht. Aber gerade darin, dass es vergänglich ist, liegt auch das Glück. Wir leben also nicht in einem glücklichen Seelenzustand, der dann den Rest unseres Lebens andauert, sondern Glücksmomente, die kurz sind und nur in unserem Gedächtnis überleben.

Solche Glücksmomente entstehen zunächst durch das Erleben unserer Sinne. Schon in den ersten Tagen nach der Geburt überwiegt ein Trieb beim kleinen Menschen alle anderen: der Esstrieb. Babys schreien so lange, bis sie Nahrung bekommen. Dann entspannen sie sich. Vielleicht sind diese ersten Glücksgefühle prägend für uns alle, wenn wir in anderen Genüssen Glück erleben. Auch im späteren Leben bleibt das Essen sehr wichtig. Ohne Essen können wir nicht überleben. Im Alltag ist es häufig eher reine Nahrungsaufnahme, die natürlich irgendwie auch die Geschmacksnerven zufriedenstellt, aber nicht unbedingt einen Hochgenuss erzeugt. In vielen armen Gegenden der Erde ist Essen nur zum Lebenserhalt die Regel.

Umso mehr werden für die Menschen die seltenen Gelegenheiten zum reinen Glück, wenn es bei Festen reichlich und gut zu essen gibt. Noch Tage danach schwärmen sie davon. In unseren Breiten wird bei Festen außergewöhnliches, häufig aufwändig zu kochendes Essen zubereitet, das unsere Geschmacksnerven in Hochstimmung bringt.

In allen Kulturen spielt das Essen eine große Rolle. In der Esskultur drücken sich Bedürfnisse aus, Schönheit und Genuss kommen zu ihrem Recht. Allen Formen ist aber eines gemeinsam: Es dauert nur kurze Zeit. Von Natur aus kann unser Körper nur eine bestimmte Menge Nahrung aufnehmen und sowohl der Appetit wie auch der Genuss lassen schlagartig nach, wenn der Bedarf des Körpers überschritten wird. So lautet eine alte Volksweisheit: »Wenn die Maus satt ist, schmeckt ihr das Mehl bitter.«

Glücksmomente entstehen auch durch das Sehen. Optische Eindrücke dringen in unsere Seele ein, und häufig empfinden wir die Schönheit, die sich uns darin zeigt, als überwältigend. Bei diesem Anblick vergessen wir Schmerzen, Ärger und die Begrenztheit unseres Lebens. So empfindet es wohl auch der kleine Mönch in dem Moment, als er eine Schneeflocke auf seiner Hand hält und die Freude in seinem Herzen spürt.

Ich selbst bin ein Museumsfan. Ich durfte mich einmal eine Woche lang in Florenz aufhalten. Diese Stadt hat so viel Schönheit zu bieten, dass meine Sinne kaum mit den Eindrücken zurechtkamen. So suchte ich mir jeden Tag etwas Besonderes aus, damit ich ganz in diese Kunst eintauchen konnte. Ich hatte vor meinem Besuch gelesen, dass Fresken in der Hauskapelle im Palast der Familie Medici restauriert worden seien. Der Palast liegt mitten in der Stadt, ist aber nicht der Magnet für Touristen. So waren nur zwei oder drei Leute außer mir als Besucher dort.

Als ich die Kapelle betrat, war ich wie von einem optischen Schlag getroffen. Das geht uns oft so, wenn wir Dinge sehen, die ganz anders sind, als wir sie erwartet haben. Zunächst war ich überrascht, wie klein die Kapelle ist. Ich hatte mir einen viel größeren Raum vorgestellt. Alle drei Wände, die den Altarraum umgeben, sind mit Fresken bedeckt. Sie stammen aus dem 15. Jahrhundert und wurden von Benozzo Gozzoli gemalt. Es ist wahrscheinlich das schönste Gemälde, das aus einer Hand stammt. Dargestellt ist der Zug der Heiligen drei Könige zur Krippe. Auf jeder Wand wird ein anderer König mit seinem Gefolge gezeigt.

In dieser Menschenmenge stellte der Künstler auch die Familie der Medici dar. Die Farben, die Komposition, die Personen, die Pflanzen und Tiere, die Landschaft zeigen eine geradezu überirdische Schönheit. Da ich fast immer allein war, hielt ich mich eine Stunde in der Kapelle auf und entdeckte immer mehr Details in den Gemälden. Ich hörte erst mit dem Schauen auf, als ich merkte, dass meine Aufmerksamkeit nachließ. Auch ein solches optisches Glückserlebnis hat also nur eine bestimmte Dauer. Wir können Schönheit nicht über eine gewisse Zeit hinaus voll erfassen. Glück ist eben kurz. Aber die Erinnerung bleibt. Die Hauskapelle der Medici habe ich von meinem Florenzaufenthalt am meisten in Erinnerung behalten. Nebenbei habe ich auch erlebt, dass Schönheit nicht auf alle Menschen denselben Eindruck macht. Die anderen Besucher, die in die Kapelle eintraten, schauten kurz auf die Gemälde und verschwanden gleich wieder. Mir konnte das nur recht sein. Dennoch zeigt es, dass solche Glücksgefühle nur individuell erfahrbar sind und vielleicht auch erst einmal eingeübt werden müssen.

Das gilt auch für die Sinneserfahrung, die für viele Menschen die bekannteste für Glücksgefühle ist, nämlich die Sexualität. Zu Beginn dieses Buches erwähnte ich den Philosophen Bentham. Er vertrat die Meinung, dass jedes Verhalten, das zur Lust und zur Vermeidung von Schmerz führt, gut ist. Diese Überzeugung hat sich in der westlichen Kultur weitgehend durchgesetzt, obwohl nicht viele wissen, dass sie auf Bentham zurückgeht. Sexualität ist ebenfalls ein Beispiel dafür, dass Glücksgefühl rein körperlich erzeugt wird und auch nur kurz dauert. Darüber haben sich schon die alten Philosophen Gedanken gemacht. Bei der Wiederentdeckung der Schriften des Griechen Aristoteles fasste man seine Erkenntnisse im damalig gebräuchlichen Latein zusammen: Omne animal post coitum triste. Auf Deutsch: Jedes Lebewesen ist nach dem Koitus traurig. Das trifft natürlich nur dann zu, wenn außer dem Akt an sich nichts spürbar wird und es beim rein biologischen Geschehen bleibt.

Religion und Kultur haben das Erleben der Sexualität erweitert. Hier sei nur ein Beispiel erwähnt, das auf geniale Weise Glaube und Kultur im sexuellen Akt zusammenbringt. Ich rate jedem, einmal die Statue von der Verzückung der Heiligen Teresa in einer Karmelitenkirche in Rom zu betrachten. Wer nicht nach Rom reisen kann, findet das Bild leicht im Internet. Es steht in der Kirche Santa Maria della Vittoria. Die Heilige Teresa lebte im 16. Jahrhundert und war eine starke Frau. Ihre Literatur prägte die Kirche der damaligen Zeit und formte auch das moderne Spanisch. Sie formulierte ihre religiösen Texte in unglaublich erotischer Sprache. Dazu nutzte sie sexuelle Glückserfahrung und übertrug sie auf Empfindungen der religiösen Ekstase. Ein Ausschnitt aus dem Gedicht »Mein Geliebter ist mein« lautet:

Als der Jäger, süß und hold,
Mich getroffen und erleget,
Da ist in der Liebe Arme
Meine Seele hingesunken.
Der mich traf, da war ein Pfeil,
Den die Liebe abgeschossen;
Sieh', da wurde meine Seele
Eins mit dem, der sie erschaffen.
Nun such' ich andre Liebe nimmer.

Gian Lorenzo Bernini kannte dieses Gedicht und setzte es 100 Jahre nach dem Tod Teresas in eines seiner bekanntesten und auch umstrittensten Kunstwerke um. Die Heilige Teresa liegt auf dem Rücken, die Augen sind fast geschlossen und der Mund leicht geöffnet. Auf den Betrachter wirkt es eher wie die Darstellung erotischer denn seelischer Verzückung. Gegenüber schwebt ein Engel, der mit einem Pfeil wie im Gedicht auf sie zielt, und zwar auf ihren Schoß. Dabei zeigt er ein Gesicht, das vor Lust strahlt. Die beiden sind auf Wolken schwebend dargestellt, sodass trotz des Marmors alles leicht und entrückt wirkt. Von oben her öffnet sich der Himmel und umfasst Heilige und Engel in seinem Licht. Bernini ist es gelungen, die erotische Sprache des Gedichts in das Kunstwerk aus Marmor zu übertragen und den Bezug zum Ewigen, Göttlichen herzustellen. Nur in diesem Bezug zum offenen Himmel kann der kurze irdische Genuss in dauerhaftes Glück verwandelt werden. Ich kenne kaum ein anderes Kunstwerk, das diese Grundhoffnung unseres Glaubens so eindeutig und genial darstellt.

Wegen des klaren sexuellen Bezuges haben sich schon Zeitgenossen darüber aufgeregt. Auch später verlangten »Fromme«, das Kunstwerk zu entfernen. Zum Glück geschah das nie. Seit 1652 steht die Figurengruppe an derselben Stelle und regt die Betrachter zur Bewunderung und zum Nachdenken an. So wurde der Moment des Glücks in Stein festgehalten. Das ist die tiefe Ebene dieses Kunstwerkes. Zwar erlebte Teresa nur einen Moment der totalen Glückserfüllung in ihrem irdischen Leben. Jetzt aber hält sie sich im dauerhaften Glück auf. Das Kunstwerk vermittelt also dauerhaft den Moment und auch die Hoffnung auf Dauer.

Glücksmomente gibt es aber auch auf anderen Ebenen unseres menschlichen Lebens, die wir vielleicht nicht unbedingt mit Glücksempfinden verbinden: die Arbeit. Und das selbst bei einfachen Tätigkeiten. Im Kloster haben wir eine Gemeinschaftstoilette in jedem Gang. In meinem Korridor wohnen sechs Mönche, jeder ist einmal an der Reihe, sie zu säubern. Ich kann nun nicht behaupten, dass Toilettenreinigung zu meinen Lieblingsbeschäftigungen gehört. Aber ich bin gerne körperlich tätig, weil es mich in Schwung bringt. Wenn ich dann die Porzellanteile gesäubert habe und der Boden wieder glänzt, spüre ich immer eine gewisse Freude – kleine, aber doch spürbare Glücksgefühle.

Aber auch unsere berufliche Arbeit kann tiefe Glücksmomente bereithalten, die uns in Erinnerung bleiben. Ich hatte gerade mein Diplom für Tropenmedizin erworben und arbeitete hin und wieder in der Tropenambulanz unserer Klinik in Deutschland. Es kam ein Patient, der über chronische Müdigkeit und ganz leichtes Fieber klagte. Er war bereits bei zahlreichen Ärzten gewesen und niemand hatte die Ursache seiner Beschwerden gefunden. Da er sich zur Jagd in Südafrika aufgehalten hatte, kam er auf die Idee, dass eine Tropenerkrankung vorliegen könnte. Auf meine Fragen hin verneinte er irgendwelche speziellen Beschwerden. Das ist immer eine Herausforderung für einen Arzt: Viele Krankheiten verursachen Müdigkeit und leichtes Fieber – wie soll man da herausfinden, was jemand hat? In meiner Ausbildung hatte ich gelernt, erst einmal eine gründliche körperliche Untersuchung vorzunehmen. Ich bat also den Patienten, sich frei zu machen und sich auf die Untersuchungsliege zu legen. Als ich ihn mir systematisch von unten nach oben anschaute, entdeckte ich am Unterschenkel eine kleine Entzündung mit einer schwarzen Kruste. In der Leiste auf dieser Seite des

Körpers konnte ich dann geschwollene Lymphknoten ertasten, die ihn schmerzten. Ihm selbst waren die Symptome gar nicht bewusst gewesen, daher hatte er nichts davon erzählt. Beides zusammen ist eindeutiges Zeichen für die Zeckenbisskrankheit, die vor allem Jäger befällt, die lange auf das Wild ansitzen. Dann haben die Zecken Zeit, am Bein hochzukrabbeln. Die Krankheit ist sehr leicht zu behandeln, wird aber ohne Behandlung chronisch und kann dann viele Beschwerden verursachen. Die rasche Diagnosestellung hat mich innerlich unglaublich beglückt. Ich hatte vorher diese Krankheit noch nie an einem Patienten gesehen und konnte hier mein neu erworbenes Wissen gleich anwenden. Als ich dem Patienten die Erkrankung und die Behandlung erklärt hatte, sagte er zu mir: »Als sie auf mein Bein schauten, haben ihre Augen geleuchtet.«

Es war also auch nach außen erkennbar, wie sehr ich mich freute, die Ursache der Krankheit gefunden zu haben. Solche Freude an der beruflichen Tätigkeit kennen wahrscheinlich beinahe alle Menschen aus den je eigenen Zusammenhängen. Wichtig ist aber, dass wir diese Momente, wenn wir uns glücklich fühlen, überhaupt wahrnehmen. Viele sehen nur die Probleme und Belastung bei der Arbeit. Wir können mit besserer Eigenbeobachtung auch diese winzigen Glücksmomente wahrnehmen, selbst wenn sie so klein sind wie die Schneeflocke des kleinen Mönchs, und auch so schnell wieder vergehen. Erst viele Flocken machen Schnee aus. Glück entsteht ebenfalls durch viele winzige Ereignisse, die wir leider oft übersehen.

Es gibt noch eine andere Dimension der Glückfindung, die aber nicht allen Menschen zugänglich ist oder mit der sich wahrscheinlich viele noch nicht auseinandergesetzt haben, nämlich die einer tiefen Erkenntnis, die plötzlich aus dem Inneren heraufsteigt. Solche Erkenntnisse gibt es im religiösen, aber auch im wissenschaftlichen Bereich. Seit einiger Zeit kennt man sogar den Begriff der mystischen Erkenntnislehre. Was versteht man darunter? Üblicherweise gibt es auf allen Forschungsgebieten Fragen, die trotz allem Wissen bisher offengeblieben sind. Diese reichen von der simplen Frage, wie die besten Dosenöffner beschaffen sein müssen, bis hin zu neuen umweltschonenden Energiequellen.

Die meisten neuen Erkenntnisse sind einfach die Verbesserung bestehender Methoden. Recht wenigen Forschern wird so etwas wie eine Eingebung geschenkt, das plötzliche Wissen, die plötzliche Einsicht in eine Lösung dieser offenen Fragen, die etwas völlig Neues darstellt. Ein bekanntes Beispiel wird dem Chemiker August Kekulé zugeschrieben. Er entdeckte den sogenannten Benzolring. Jeder lernt das heute in der Schule im Chemieunterricht. Es heißt, er habe diese Entdeckung im Traum als Vision er-

lebt. Heute nimmt man an, dass Forscher in solchen Momenten plötzlich ein Erlebnis des Einsseins mit sich und ihrem Forschungsgegenstand haben. Man bezeichnet es als mystisches Erlebnis, weil es nicht wirklich erklärbar oder ableitbar aus den Erkenntnissen ist. Viele großen Entdecker hatten ein solches Erlebnis. Diese Art der Erkenntnis ist auch ein Zeichen echter Menschlichkeit: Nur das menschliche Gehirn ist dazu in der Lage und nur so ist die Entwicklung menschlicher Kultur erklärbar.

In ganz besonderem Maß gilt das für Erkenntniserlebnisse im religiösen Bereich. Eigentlich wird Gott so definiert, dass er über alles hinausgeht, was Menschsein ausmacht. Streng genommen können wir Gott nicht erleben, weil unsere menschliche Fähigkeit dazu nicht ausreicht. Nach christlichem Glauben hat sich aber in der Person Jesu das Göttliche sichtbar und damit für die Menschen zugänglich gemacht. Darüber hinaus sind wir befähigt, in uns selbst Ahnungen des Göttlichen wahrzunehmen. Das gilt vor allem im Miteinander der Liebe.

Immer wieder gab es spirituelle Menschen, die wie die Wissenschaftler mystische Momente des Einsseins erlebten, die kaum mit Worten wiederzugeben sind Und über alle menschliche Erkenntnis hinausgingen. Sie sind letztlich auch Zeugen dafür, dass es eine solche Transzendenz gibt. Die bereits erwähnte Teresa von Ávila ist ein besonderes Beispiel hierfür. Sie war eine grundvernünftige Frau, die mit den wissenschaftlichen Erkenntnissen ihrer Zeit vertraut war. Sie hatte auch Humor. Daher sind ihre mystischen Erlebnisse umso glaubwürdiger. Als Gläubige können wir an diesem Glückserleben einer großen Heiligen wie Teresa teilhaben, indem wir ihr vertrauen und uns auf ihre Aussagen verlassen, genauso so wie wir die wissenschaftlichen Erkenntnisse in unserem Leben beachten und nutzvoll anwenden.

Es geht in einem mystischen Erlebnis um die höchstmögliche Glücksempfindung, zu der wir Menschen fähig sind. Sie ist nur wenigen zugänglich, zeigt aber die Dimensionen auf, zu der wir als Menschen berufen sind. Dazu gehört aber auch die realistische Einsicht, dass höchste Glücks-

momente immer nur von kurzer Dauer sind. Am besten hat Johann Wolfgang von Goethe das in Sprache gesetzt, als er Dr. Faustus aus seiner gleichnamigen Tragödie den Pakt mit dem Teufel schließen lässt:

Werd' ich zum Augenblicke sagen:
Verweile doch! Du bist so schön!
Dann magst du mich in Fesseln schlagen,
Dann will ich gern zugrunde gehn!

Das bedeutet, dass der Wunsch nach dauerhaftem Glück »teuflisch« ist, weil er uns ins Verderben führt beziehungsweise in eine Welt der Illusion. In dieser Welt haben Leid, Trauer, Krankheit und Tod keinen Platz mehr. Aber sie gehören wesentlich zum menschlichen Leben. Echtes Glück misst sich nicht in der Dauer der schönen Momente oder darin, dass uns nie mehr etwas schwierig und traurig erscheint. Echtes Glück ist vielmehr ein unterschwelliges Lebensgefühl, das sich aus vielen kleinen Glücksmomenten zusammensetzt – wie ein Mosaik. Dazu gehören dann auch die unscheinbaren schwarzen Steine, die uns manchmal hässlich erscheinen – erlittenes Unrecht, Schmerz, schwierige Lebenszeiten –, aber aus der Ferne betrachtet sind sie es oft, die das Wesentliche im Gesamtbild ausmachen.

## Gemäßigtes Glück

Ich denke, dass Glücksmomente nicht unbedingt das waren, was Benedikt im Sinn hatte bei seiner Idee von Lebensgestaltung. Nicht, dass er generell etwas dagegen gehabt hätte, dass Menschen ihr Glück finden, denn er fragt schon im Prolog: »Wer ist der Mensch, der glückliche Tage zu sehen wünscht?« Und seine Regel kann man in vielem als eine Antwort darauf verstehen: Wer sich daran hält, wird glückliche Tage sehen. Für ihn liegt dieses Glück aber wohl eher in der »Temperiertheit« des Lebens, also in der Ausgeglichenheit, vielleicht auch im Gleichmaß der Tage. Nicht umsonst spielt der immer gleiche Tagesablauf eine große Rolle für ihn und auch, dass die Mönche beim Eintritt ins Kloster die stabilitas loci geloben, also das Bleiben, das Wohnen an einem bestimmten Ort, für den man sich einmal entschieden hat.

Für uns heute stecken Glücksmomente meistens im Außergewöhnlichen, also in dem, was vielleicht zufällig passiert oder unseren Alltag unterbricht, weil es anders ist als das, was wir jeden Tag erleben.

Benedikt lebte jedoch in der Zeit der Völkerwanderung und dem Ende des Oströmischen Reiches, es dürfte also recht turbulent und wahrscheinlich auch weder politisch noch alltäglich besonders sicher zugegangen sein. In solchen Zeiten sehnten sich die Menschen nach Sicherheit und Ordnung, und genau das bot Benedikt mit seiner Regel. Zudem war das Leben »hinter Mauern« deutlich entspannter und einfacher, weil man nicht ständig damit rechnen musste, vor allem nachts überfallen und/oder ausgeraubt zu werden. Ein Leben, das jeden Tag gleich verläuft, in dem man sich nicht um die eigene Sicherheit sorgen muss und in Ruhe schlafen kann, muss den meisten damals als paradiesisch erschienen sein – und damit als Leben im Glück. Und so war es Benedikt daran gelegen, in jeder Hinsicht ein maßvolles Leben zu führen und seinen Mönchen vorzuschreiben und die Aufregung, das Exaltierte, das Besondere so gut es geht aus dem Kloster fernzuhalten. Er ermahnt die Mönche daher auch immer wieder, das, was sie tun »in großem Ernst und mit vornehmer Zurückhaltung« zu tun (RB 42,11) und sich auf keinen Fall irgendwelche Albernheiten zu erlauben.

Ziel für ihn war es wohl, dass die Mönche durch den Wechsel von Arbeit und Gebet in eine Ausgeglichenheit finden und damit letztlich in die Zufriedenheit. Dass Zufriedenheit Glück bedeutet, würden wir heute ganz sicher auch nicht bestreiten. Nur finden wir sie vielleicht in diesen Zeiten in anderen Dingen ...

»Bei der Aufnahme verspreche der Mönch im Oratorium in Gegenwart aller Beständigkeit, klösterlichen Lebenswandel und Gehorsam, vor Gott und seinen Heiligen.«

RB 58,17.18

»Aber auch dann geschehe es mit großem Ernst und vornehmer Zurückhaltung.«

RB 42,11

## Fragen

Was waren die glücklichsten Augenblicke in meinem Leben?

Spielen sie immer noch eine Rolle?

Hatte ich in den letzten sieben Tagen Augenblicke des Glücks?

## Übung

Mach dir eine Liste und häng sie dort auf, wo dein Blick immer mal wieder darauf fällt – besonders an eher trüben und schwierigen Tagen:

**Wo sich Glücksmomente verstecken**

. . . . . . . . . . . . . . . . . . . . . . . . . . .

. . . . . . . . . . . . . . . . . . . . . . . . . . .

. . . . . . . . . . . . . . . . . . . . . . . . . . .

. . . . . . . . . . . . . . . . . . . . . . . . . . .

. . . . . . . . . . . . . . . . . . . . . . . . . . .

. . . . . . . . . . . . . . . . . . . . . . . . . . .

. . . . . . . . . . . . . . . . . . . . . . . . . . .

Ein paar Ideen: Schokoladenpudding zum Nachtisch, frische Bettwäsche, Sonnenaufgang, zwischen Buchseiten, Schwimmen im See, ein Tag ohne Termine

In der Küche hatte sich inzwischen der Abt des Klosters einen Tee gekocht und das Treiben der Mönche im Garten beobachtet.

»Was macht ihr bei dieser Kälte draußen im Garten?«, fragte er die beiden, als sie die Küche betraten.

»Wir haben gelernt«, antwortete der Mitbruder.

Und als ihn der Abt fragend ansah, ergänzte der kleine Mönch: »Wir haben gelernt, dass man das Glück nicht nur in großen Mosaikbildern finden kann, sondern auch in kleinen und unscheinbaren schwarzen Steinchen, die wichtige Punkte im Bild darstellen. Dann haben wir gelernt, dass man auch für die bitteren Apfelkerne dankbar sein sollte: Was für ein großes Glück, dass es sie gibt, denn aus ihnen entsteht neues Leben! Und dann haben wir gelernt, dass sich das Glück wie eine Schneeflocke nicht halten lässt. Lässt man es aber frei fliegen, kann es sich sammeln und mehr werden.«

Und der Mitbruder ergänzte: »Und irgendwann reicht es für eine ordentliche Schneeballschlacht!«

Der Abt lächelte, verneigte sich und sagte: »Vielen Dank für diese wundervolle Lektion, die ihr mich gelehrt habt. Und vielen Dank dafür, dass ihr das Glück, das ihr heute gefunden habt, mit mir geteilt habt. So hat es sich noch vermehrt.«

Es war ihnen doch sehr kalt geworden beim Schneeflockenfangen, und so gingen alle zurück in ihre Zellen.

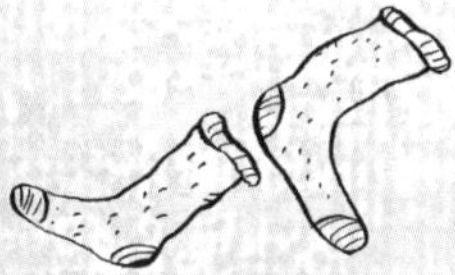

Nachdem sich der kleine Mönch ein paar trockene Socken angezogen hatte, stellte er sich wie am Morgen ans Fenster. Der Himmel war immer noch grau, aber das machte ihm nun nichts mehr aus. Er wusste ja, welch wunderschöne Schneeflocken die grauen Wolken brachten.

Und vielleicht war dieses Stückchen grauer Himmel auch ein wichtiges Mosaiksteinchen am großen Firmament.

## Geteiltes Glück

Der kleine Mönch macht noch eine ganz neue Erfahrung in dieser Geschichte: Das Glück zu teilen bedeutet, es zu vermehren. Das ist eine ganz großartige neue Sicht: Glück vermehrt sich, wenn wir es mit anderen Menschen teilen. Es widerspricht allerdings auch anderen Erfahrungen, die wir machen: Wenn wir etwas sehr Wertvolles bekommen haben, vermindert das Teilen diesen Wert. Viele Menschen verbergen daher ihren wertvollen Besitz, um ja nichts davon zu verlieren. Beim Glück ist es offensichtlich anders: Wenn ich mein Glück teile, wird es größer. Diese Erfahrung ist zutiefst menschlich und gilt auch noch für eine andere zutiefst menschliche Erfahrung: Liebe. Oder, wenn man so will: Das Glück wird im Teilen zu Liebe. Wie kann man sich das vorstellen?

Im religiösen Bereich wird Liebe oft als Ziel und Grundlage des christlichen Lebens bezeichnet. Da heißt es: »Gott ist die Liebe.« Offen gestanden empfand ich das immer als schöne Worte, die in keiner Weise wiedergeben, was wirklich damit gemeint ist. Liebe bedeutet einen inneren

Zustand, der uns vollständig nach außen orientiert. In der Liebe stellen wir unsere eigenen Ansprüche zurück und sind bereit, alles zu tun, was andere glücklich macht. Geliebten Menschen gegenüber sehen wir keine Pflichten, sondern nur das Glück, etwas für sie tun zu können. Wenn wir mehr bekommen, als uns eigentlich zusteht, sind wir oft vom Glück überwältigt. Erst wenn wir ein Geschenk, ein gutes Wort, ein Lob ganz unverdient und damit überraschend erhalten, wird Liebe sichtbar und Glück spürbar.

Ganz zu Anfang steht die Liebe unserer Eltern. Als Kind können wir außer Schreien keinen Beitrag leisten: Wir danken nicht, loben nicht, äußern keine echte Zufriedenheit. Dennoch erfüllen die Eltern jeden Wunsch zu jeder Minute. Diese Erfahrung bedingungsloser Liebe am Anfang unseres Lebens prägt uns tief. Manchmal bedauere ich es, dass ich mich gar nicht daran erinnern kann. Es bleibt in unserem Unterbewusstsein gespeichert. Unsere Sehnsüchte und Erwartungen ruhen letztlich auf dieser Urerfahrung.

Möglicherweise ist das die tiefe Ursache für die Suche nach Glück und dem Gefühl von uns Menschen, dass wir ein Paradies verloren haben. Ich finde es immer wieder erstaunlich, dass Eltern dazu in der Lage sind, so bedingungslos ihre eigenen Bedürfnisse hintanzustellen und dieses kleine Lebewesen in allem voranzustellen.

Ich bin der Erstgeborene von fünf Geschwistern. Ich habe das Heranwachsen eines Bruders und dreier Schwestern miterleben können. Eigentlich war ich von dieser ersten Lebensphase meiner Geschwister gar nicht begeistert. Ich erlebte sie nur als schreiende und egoistische Bündel, die mich auch in der Nacht störten. Umso mehr hob sich meine Mutter von diesen Gefühlen ab. Sie war immer für alle da. Das hielt übrigens auch an, als wir älter wurden. Wer das Glück hatte, solche Mutterliebe zu erfahren, kann auch später von seinem Glück weitergeben und anderen beistehen. Das ist letztlich die Frucht dieser selbstlosen Hingabe der Eltern. Sie können zwar später auch etwas von der Liebe ihrer Kinder wieder zurückbekommen. Eigentlich ist aber die Frucht dieser Liebe die Hinwendung zu einem anderen Menschen und zu schwachen Menschen, die Hilfe benötigen.

Jedes Kind muss jedoch auch erwachsen werden und sich von den Eltern lösen. Natürlich besteht die Liebe zu ihnen fort und dauert bis zu deren Lebensende.

Als ich in Afrika lebte, bekam ich einmal einen Brief von meiner Mutter. Sie konnte lebendig und anschaulich schreiben. Dieses Mal hatte sie einen angefangenen Brief beigelegt, den sie mir eigentlich nicht schicken wollte. Darin beklagte sie mein Leben in einem fernen Land und meinen Klostereintritt, der immerhin schon zehn Jahre zurücklag. Sie hatte das Gefühl, mich an Gott verloren zu haben. Sie haderte dabei auch mit diesem Gott. Wie sollte ich mit diesen Sätzen umgehen? Gefühle kann man nicht durch Erklärungen beiseiteschieben. Sie sind einfach da. Anders gesagt, ich fand keine Worte oder Gedanken, mit denen ich meine Mutter hätte trösten können. Wir hatten aber noch viel Gelegenheit, miteinander darüber zu sprechen.

Eines habe ich daraus aber gelernt: Liebe und das Teilen des Glücks sind auch mit eigenem Verlust verbunden. Erst, wenn man einen jungen Menschen in Liebe loslässt, kann er zur Selbstständigkeit heranwachsen. Und erst, wenn wir uns als junge Menschen bis zu einem gewissen Maß von der ersten Liebe freigemacht haben, können wir selbst Liebe gewähren. Das ist dann die Liebe, die schon in der Schöpfungsgeschichte so beschrieben wird: »Darum verlässt der Mann Vater und Mutter und bindet sich an seine Frau und sie werden ein Fleisch« (Gen 2,24).

Wir sollten als Erwachsene also fähig sein, unser ganzes Glück in einem anderen Menschen zu suchen. Das fängt meist recht physisch an. Wir werden durch sinnliche Wahrnehmungen voneinander angezogen. Es ist wie bei den Glücksempfindungen, die wir unseren Sinnen verdanken. So haben wir Anlagen, die uns bestimmte Menschen als anziehend erscheinen lassen.

Im zweiten Band seines Romans »Auf der Suche nach der verlorenen Zeit« schildert Marcel Proust, wie ein junger Mann diese ersten Begegnungen erlebt. Im Urlaub trifft er eine Schar junger Mädchen. Alle haben einen gewissen Reiz für ihn. Er kann sich zunächst nicht entscheiden. Er spürt aber ein klares Bedürfnis nach Zuneigung. Schließlich entscheidet er sich für ein Mädchen, das ihm am meisten Herzklopfen verursacht. Er schaut also nur auf seine sinnliche Reaktion und ist auch nur auf das sinnliche Erlebnis aus. Letztlich bleibt er beim »Besitzen-Wollen« stehen. Es muss also über die rein körperliche Anziehung hinausgehen. Solange ich über den Partner oder die Partnerin nur zu eigenen Zielen gelangen will, nur gesteigerte Lebensintensität empfinden oder die eigene Wichtigkeit erhöhen möchte, geht es nicht wirklich um Liebe, sondern eben um Selbstzweck, im besten Fall noch Selbstliebe in Form von Egoismus.

Auch für Nonnen und Mönche gelten die Gesetze der menschlichen Natur wie bei allen anderen Menschen. Nonnen und Mönche schließen sich einer Gemeinschaft an. Sie leben mit Menschen ihres Geschlechts zusammen. Nun ist es wichtig zu erkennen, dass der Mensch die Freiheit hat und tatsächlich auch dazu fähig ist, seine Bedürfnisse nach Beziehungen auf eine geistliche Basis zu stellen. Sie oder er brauchen natürlich trotzdem andere Menschen. Niemand kann isoliert leben. Selbst Einsiedler sind auf Beziehungen zur Außenwelt angewiesen.

Am 4. März 2020 erschien ein Interview mit der Ordensfrau Sr. Franziska Dieterle auf der Website der Katholischen Bischofskonferenz »katholisch.de«. Sr. Franziska äußerte sich offen zur Sexualität von Ordensleuten. Mich haben ihr Mut und ihre Offenheit sehr beeindruckt. Sie sagte: »Man kann seine Sexualität ausleben, ohne Sex zu haben.« Eigentlich ist eine Lebensweise ohne Sexualpraxis von der Natur nicht vorgesehen. Wenn also ein wesentlicher Teil biologisch angelegter Strukturen im menschlichen Körper nicht genutzt werden, müssen Sehnsüchte und Bedürfnisse auf andere Art befriedigt werden. Sr. Franziska betonte dabei, dass ehelos lebende Frauen zärtlich miteinander umgehen sollten, aufeinander achten und sich das Leben leichter und nicht schwerer machen sollten. Auch sollten alle Ehelosen fruchtbar sein in ihrem Leben, auf ihre je eigene Weise. Die Fruchtbarkeit ist besonders bei Männern wichtig. Ein Mitbruder sagte mir einmal: Eigentlich ist unsere Lebensform völlig verrückt. Wir können nur so leben, wenn wir auch kreativ, also fruchtbar sind. Wie Fruchtbarkeit aussehen kann, demonstrierte mir ein verstorbener Mitbruder, der auch Professor für Kunstgeschichte war. Ich besuchte ihn in seinem Büro in Würzburg, das auf einem Hügel lag und einen herrlichen Blick auf die Altstadt und die gegenüberliegende Festung Marienberg ermöglichte. Die Sonne schien und zauberte ein unglaublich schönes Panorama vor uns. Wir sahen nicht nur die Festung, sondern auch die Dächer der bischöflichen Residenz, die Türme des Doms und anderer Kirchen. Da sagte er zu mir: »Schau dir das an. Das alles gäbe es ohne Zölibat nicht!« Sicher muss man diesem Satz nicht voll zustimmen, aber ein wenig Recht hat er doch. Der Verzicht auf Sexualität setzt Kräfte frei, die kreativ genutzt werden können. Leider kann das auch in die gegenteilige Richtung gehen, wenn es zu sexuellen Übergriffen kommt. Im gelingenden Fall aber kann so die Kraft in uns genutzt werden, um außergewöhnliche Schöpfungen hervorzubringen.

Heute denken wir dabei weniger an Gebäude als an Menschen. Als Medizinstudent besuchte ich Kenia und lernte die Arbeit der Missionsbenediktiner kennen. Bei diesem Besuch wurde der Keim zu meiner Sehnsucht gelegt, mich für Menschen einzusetzen, die keine Möglichkeit haben, medizinische Hilfe in Anspruch zu nehmen. Damals lernte ich einen Arzt kennen, der in einem sehr abgelegenen einsamen Krankenhaus seinen Dienst tat. Er wirkte erschöpft und sehr einsam. So lernte ich zwei Seiten dieses Einsatzes kennen. Die Aufgabe war faszinierend, stellte aber Anforderungen, die ich mir allein nicht zutraute, erfüllen zu können. Ich dachte damals, dass ich nur mit einer Partnerin zusammen diesen Weg gehen könnte. Eine solche fand ich aber nicht, und so beschloss ich, eine normale Arztkarriere und eine wissenschaftliche Laufbahn einzuschlagen. Als ich dann in der Forschung arbeitete, kamen plötzlich zwei Dinge zusammen: Eine Freundschaft ging zu Ende, und die Arbeitsatmosphäre an deutschen Universitäten machte mir zu schaffen. Obwohl meine Arbeit gut voranging, fragte ich mich ernsthaft, ob ich wirklich Professor und Arzt werden wollte, nur um ein angesehenes Leben zu führen. So entschloss ich mich, den Weg des Mönchs zu gehen. Die Missionsbenediktiner bieten das gemeinschaftliche Leben und eine religiöse Grundlage, die ein solches Extremleben möglich machen. Dann bekam ich zudem die Chance, die Gesundheitsversorgung einer ganzen Gegend aufzubauen und zahlreiche Fachkräfte heranzubilden, die sonst diese Chance nicht gehabt hätten. Auf diese Weise hatte ich das große Glück, viele Menschen fördern zu können und ihnen neue Lebensmöglichkeiten zu geben. Im Nachhinein gehören diese Möglichkeiten und Chancen zu meinen größten Glücksmomenten. Dafür bin ich sehr dankbar.

Glück zu teilen bedeutet, das eigene Glück als Kraft zu nutzen, um anderen beizustehen, denen es nicht so gut geht. Wir sind so in der Lage zuzuhören und die Nöte anderer wahrzunehmen. Wir können auf eigene Ansprüche verzichten und sie anderen zugänglich machen.

Das alles klingt vielleicht nach Anstrengung, weil wir bewusst etwas abgeben. Es gibt aber Gelegenheiten, in denen wir anderen nicht von unserem Glück abgeben, sondern mit anderen zusammen gleichzeitig Glück erfahren. Das kann geradezu einen Glücksrausch auslösen. Solche Situationen sind gar nicht so selten und können sogar in unserem Alltag erfahren werden. Kürzlich erzählte mir meine Schwester, wie angenehm sie die Begegnung mit Menschen findet, die gerade von einem Konzert oder einem Opernbesuch zurückkehren. Auf der Straße oder in der U-Bahn trifft sie dann Menschen, die strahlen und gemeinsam von der erlebten Musik schwärmen. Ich kann mich an Konzertbesuche erinnern, in denen ich es fast nicht ertragen konnte, dass die Musik zu Ende ging. Auch hier ist der Glücksmoment mit einem Abschiedsschmerz verbunden. Aber gerade deswegen ist der Augenblick der Musik so tief erlebbar. Dieses Erlebnis kann eine Musikaufnahme nicht ersetzen, denn es geht beim Konzertbesuch um das Spiel in diesem Moment des Lebens und eben auch um das Ende, dass etwas so nicht mehr wiederholt werden kann.

Zu gemeinsamen Glücksmomenten gehören auch Feste. In keiner Kultur habe ich dies so stark empfunden wie in Afrika. In diesen Gesellschaften lebt die Mehrheit der Bevölkerung in ländlichen Gegenden. Der Alltag ist angefüllt mit Arbeit, und häufig gleicht ein Tag dem anderen. Nur in wenigen Monaten im Jahr werden Feste gefeiert. Die Hochzeit gehört immer zu den Höhepunkten in der Familie wie auch im ganzen Dorf, weil viele Menschen dazu eingeladen werden. In den letzten Jahrzehnten kamen die kirchlichen Feste hinzu. Ich habe für das Personal unseres Krankenhauses meistens zwei Mal im Jahr ein Fest gegeben. So eine Veranstaltung wird intensiv vorbereitet. Beim Fest werden alte und neue Riten lebendig. Ein Zeremonienmeister leitet das Geschehen und gibt muntere Kommentare. So zieht sich eine Veranstaltung über viele Stunden. Später sprechen die Menschen noch tagelang davon, wie sehr sie sich gefreut haben, dabei gewesen zu sein. Die Menschen im ländlichen Tansania haben keine Gelegenheit, einen Ausflug zu machen, auszugehen oder gar ein Theater zu besuchen. Solche Feste sind die einzigen Gelegenheiten zu gemeinsamer Freude.

Daher können wir in Europa solche Feste auch nicht nachahmen. Es ist bemerkenswert, dass Menschen in ärmlichen und eher traditionellen Lebensumständen solche Festfreuden intensiver erleben können als wir. Aber auch bei uns kann gemeinsam erlebtes Glück zu einem tiefen, unser ganzes Wesen erfassenden Glück werden.

Solche Glücksempfindungen kann man nicht planen. Sie treten häufig dann auf, wenn wir nicht mit ihnen rechnen. Die Überraschung ist Teil der Empfindung. Wir können uns aber bereithalten, indem wir unser Leben aufmerksam wahrnehmen – jeden Tag. Und, indem wir es annehmen, wie es ist, mit allen negativen Gefühlen, Enttäuschungen und Rückschlägen.

Glücksmomente tauchen wie Sternschnuppen auf und verschwinden wieder. Sie sind immer von kurzer Dauer. Es liegt an uns, dass wir sie nicht vergessen und uns in schwierigen Zeiten an sie erinnern. Niemand kann uns diese Erinnerungen nehmen, sie sind unser ganz persönlicher Schatz. Das große Glück gibt es wirklich, und die kurzen Momente des Glücks stellen den Kontakt zu ihm her. Je mehr wir lernen, diese kurzen Augenblicke wahrzunehmen, desto mehr Farbe und Glanz bekommt unser Leben.

## Regel(ge)recht glücklich

Gleich zu Beginn seiner Regel zählt Benedikt verschiedene Arten von Mönchen auf. Und sofort wird deutlich: Eigentlich glaubt er, dass nur das Leben der sogenannten Koinobiten – Mönche, die unter Regel und Abt dienen und in einer Gemeinschaft leben – wirklich gelingen kann. Zwar kommen auch die Anachoreten ganz gut weg, die Einsiedler, aber sie können nach Benedikts Ansicht erst dann allein in der Einsiedelei wohnen, wenn sie »durch Bewährung im klösterlichen Alltag und durch die Hilfe vieler hinreichend geschult« (RB 1,3) und »in der Reihe der Brüder (...) gut vorbereitet für den Einzelkampf in der Wüste« (RB 1,5) sind. Also zunächst einmal eine Zeitlang in der Gemeinschaft gelebt und sozusagen die Prüfung bestanden haben. »Glückliche Tage« sehen kann eigentlich nur, wer mit anderen in einer Gemeinschaft lebt und mit ihnen das Leben teilt. Und: Glücklich wird letztlich nur, wer sich an die Regeln hält und sich der Ordnung unterwirft.

Nun ging es Benedikt, wie schon erwähnt, sicher damals nicht wirklich darum, das Glück zu finden, so wie das heute viele als Lebensziel verstehen. Sein Ziel ist eher, ein gottgefälliges Leben zu führen – wobei das in seiner Vorstellung wahrscheinlich mit dem identisch war, was wir heute Glück nennen. Deutlich wird aber: In seinen Augen geht das nicht ohne andere Menschen. In der Gottsuche und auf dem Weg zum Einssein mit Gott braucht es andere. Ohne sie wird man nur sehr schwer sein Ziel erreichen. Und: Das geordnete, disziplinierte Leben spielt auf diesem Weg ebenfalls eine große Rolle.

Sicher, hin und wieder erwische ich mich bei dem Gedanken: Wenn ich frei sein könnte von allen Zwängen, von allem, was ich muss, von allen Pflichten des täglichen Lebens und wenn ich nur noch tun und lassen könnte, was ich möchte, dann wäre ich glücklich. Aber ich merke ziemlich schnell, dass das so auch nicht stimmt.

In einem war Benedikt sicher sehr hellsichtig: Als Menschen brauchen wir ein gutes Maß. Es darf in allen Bereichen nicht zu viel und nicht zu wenig sein: nicht zu wenig Alleinsein und nicht zu viel Gemeinschaft in allem Tun, nicht zu viel beim Essen und Trinken, aber auch kein Mangel daran, nicht zu viel Arbeit, aber auch nicht zu wenig Aufgaben, nicht zu viel strenge Disziplin, aber auch nicht zu wenig Struktur im Alltag. Nicht zu viele Extras, aber auch nicht zu wenig Erlebnisse, die einen mit der Welt und Gott eins sein lassen. Diese Ausgewogenheit, der Wechsel von einem zum anderen, ist letztlich auch für heute ein gutes »Glücksrezept«.

»Die erste Art sind die Koinobiten:
Sie leben in einer klösterlichen Gemeinschaft und dienen unter Regel und Abt.«

RB 1,2

»Die zweite Art sind die Anachoreten, das heißt Einsiedler. Nicht in der ersten Begeisterung für das Mönchsleben, sondern durch Bewährung im klösterlichen Alltag und durch die Hilfe vieler hinreichend geschult, haben sie gelernt, gegen den Teufel zu kämpfen. In der Reihe der Brüder wurden sie gut vorbereitet für den Einzelkampf in der Wüste.«

RB 1,3–5

»Die dritte Art sind die Sarabaiten, eine ganz widerliche Art von Mönchen. Weder durch eine Regel noch in der Schule der Erfahrung wie Gold im Schmelzofen erprobt, sind sie weich wie Blei.«

RB 1,6

## Fragen und Übungen zum Schluss

- Setze dich in einem ruhigen Moment an den Schreibtisch. Versuche, wenigstens einen Tag in der letzten Woche festzuhalten.

- Überlege, wie viele angenehme und wie viele schwierige Erlebnisse du hattest. Frage dich dann, an welche Ereignisse du dich eher erinnerst, an die angenehmen oder an die schwierigen?

- Versuche dich an ein besonders schönes Ereignis zu erinnern. Überlege dann, was an diesem Erlebnis dich so froh gestimmt hat. Versuche herauszufinden, welche Ereignisse und Anlässe dich generell froh und glücklich stimmen.

- Erinnere dich an traurige Erlebnisse. Wirken diese bis heute nach? Was haben sie in deinem Leben bewirkt?

- Hattest du schon einmal ein Glückserlebnis, weil du eine Zeitlang auf etwas verzichtet hast? Könntest du das wiederholen?

Zacharias Heyes
DER KLEINE MÖNCH UND DIE SACHE MIT DER STILLE
Vier-Türme-Verlag

Zacharias Heyes

**Der kleine Mönch und die Sache mit der Stille**

128 Seiten, gebunden, illustriert, 12,0 x 19,5 cm
ISBN 978-3-7365-0280-2

Der kleine Mönch will noch sehr viel lernen und macht sich Gedanken. Wie ist das mit der Stille? Stille ist wertvoll. Aber wie kann etwas wertvoll sein, das nur daraus besteht, dass nichts anderes ist? So macht sich Pater Zacharias Heyes mit dem kleinen Mönch auf den Weg, den Dingen auf den Grund zu gehen und begibt sich auf eine spannende und humorvolle Reise zu den Wurzeln der benediktinischen Spiritualität.

Mit einer augenzwinkernden Geschichte und vielen Hintergrundinformationen und Impulsen. Zum Schmunzeln und Schmökern, Nachdenken und Inspirieren-Lassen!

**Bibliografische Information der Deutschen Nationalbibliothek**

Die Deutsche Nationalbibliothek verzeichnet diese Publikation in der Deutschen Nationalbibliografie. Detaillierte bibliografische Daten sind im Internet über http://dnb.d-nb.de abrufbar.

Ohne Folie
Für unsere Umwelt

FSC www.fsc.org MIX Papier aus verantwortungsvollen Quellen FSC® C014889

in Deutschland produziert

1. Auflage 2021


Lektorat: Marlene Fritsch
Illustrationen: Elli Bruder
Gestaltung: Matthias E. Gahr
Druck und Bindung: Pustet, Regensburg
ISBN 978-3-7365-0350-2

*www.vier-tuerme-verlag.de*